中国名村志文化工程
Culture Project of Local Records of China's Famous Villages

陈砦村志

LOCAL RECORDS OF CHENZHAI

河南省郑州市金水区丰庆路街道陈砦村志编纂委员会　编

方志出版社
Publishing House of Local Records

图书在版编目（CIP）数据

陈砦村志 / 河南省郑州市金水区丰庆路街道陈砦村志编纂委员会编 . -- 北京：方志出版社，2017.12
（中国名村志丛书）
ISBN 978-7-5144-2791-2

Ⅰ . ①陈…　Ⅱ . ①河…　Ⅲ . ①村史—郑州
Ⅳ . ① K296.15

中国版本图书馆 CIP 数据核字（2017）第 305173 号

· 中国名村志丛书 ·

陈砦村志

编　　者：河南省郑州市金水区丰庆路街道陈砦村志编纂委员会
责任编辑：王海荣

出 版 人：冀祥德
出 版 者：方志出版社
地址　北京市朝阳区潘家园东里 9 号（国家方志馆 4 层）
邮编　100021
网址　http://www.fzph.org
发　　行：方志出版社图书经销中心
电话　（010）67110500
经　　销：各地新华书店
排　　版：北京纺印图文设计制作有限公司
印　　刷：北京中科印刷有限公司

开　　本：787 × 1092　　1/16
印　　张：14.5
字　　数：262 千字
版　　次：2017 年 12 月第 1 版　2017 年 12 月第 1 次印刷

ISBN　978-7-5144-2791-2　　　　**定价**：115.00 元

◉ 序一

连绵不断地编修地方志是中国独有的优秀文化传统，承担着赓续文明、传承文化的重任。保存至今的8000余种、10万余卷历代方志，蕴含着传统文化基因和海量文化信息，既是中华优秀传统文化的重要组成部分，又是传承、彰显中华优秀传统文化的重要载体。

在各种类型的地方志编纂中，村志编纂古已有之，但从未进入国家层面的地方志编纂序列。新中国成立以来，党中央、国务院高度重视包括村志编纂在内的地方志工作，出台了重要文件。中央领导发表了重要讲话、作出了重要批示。习近平总书记高度重视包括村志编纂在内的地方志工作。2004年10月，他在担任浙江省委书记时到江山市凤林镇白沙村考察，看到村民编纂的《白沙村志》，鼓励村民把村志继续编纂下去。2014年4月，刘延东副总理在与第五次全国地方志工作会议部分会议代表座谈时指出："要结合发展的新形势，加强对地方志包括部门志、行业志、专题志、乡镇村志编纂的业务指导和服务。"2015年8月，国务院办公厅印发的《全国地方志事业发展规划纲要（2015—2020年）》，正式将中国名村志文化工程列为主要任务之一。2017年5月，中共中央办公厅、国务院办公厅印发的《国家"十三五"时期文化发展改革规划纲要》指出："完成省、市、县三级地方志书出版工作。开展旧志整理和部分有条件的镇志、村志编纂。"可以说，村志编纂迎来了历史上的最好时期。

农业、农村、农民"三农"问题，是数千年来影响中国社会发展最核心的问题。中共中央高度重视"三农"工作，从2004年起，连续13年，每年的中央1号文件都聚焦"三农"。中共十九大报告更是提出"农业农村农民问题是关系国计民生的根本性问题，必须始终把解决好'三农'问题作为全党工作重中之重"，特别是提出了"乡村振兴战略"，这是中国共产党在中国特色社会主义进入新时代后，对农村发展问题所做出的准确把握和与时俱进的战略应对，是建设中国特色社会主义强国战略的重要组成部分。改革开放近40年来，在党中央、国务院高度重视社会主义新农村建设的新形势下，各地涌现出一大批历史文化名村、经济强村、新农村建设示范（试点）村、美丽乡村和特色村，成为先进生产力和先进文化的代表。客观记录中国农村全面建成小康社会的进程，向后人展示在中国共产党领导下农村千年未有的巨变，是地方志工作者肩负的光荣而重大的历史使命。编纂中国名村志丛书，是记载当代中国农村发展变革的重要途径。

文化寻根，寻的是其发展的源头和根基。村落是中国传统文化的根基所在。农村的生产生活方式、社会规范、宗族文化、宗教文化、民风习俗、传统节日、民间艺术等，无不镌刻着中国人独特的民族性格，这就是家国情怀、文脉绵延、精神归属。在快速城镇化进程的冲击和开发性破坏下，大量传统村落面临消亡的危机，村落蕴含的历史文化信息也流失殆尽，抢救性保护刻不容缓。编纂中国名村志丛书，是保存村落历史文化信息，抢救、保护村落文化最好的方式。

一方水土养一方人。家乡的山水草木、村间小巷、乡俗民情会在每个人心头留下深刻的烙印，这就是故土情结。而村落的形成与发展离不开人的活动。编纂中国名村志丛书，通过记述村落建筑、名门望族来追溯村落的历史；通过记述村落规模、布局、人口、物产等反映人口来源、宗族兴衰、生活习惯、文化背景、宗教信仰、经济发展等，体现环境与人相互影响、相互作用、相互发展的既矛盾又统一的关系；通过记述戏剧、音乐、舞蹈、美术、文学、手工技艺等文化形式，展示百姓在长期的生产生活实践中摸索和总结出的智慧结晶，强化人们沟通感情的纽带。编纂中国名村志丛书，是传承乡俗、诉说乡音、记住乡愁、纾解乡思，激活历史传统、唤起共同文化记忆、塑造共同心灵认同的重要文化工程。

中国名村志文化工程以践行文化自信、传承中华文脉、彰显时代发展为己任，以打造全国地方志系统的重要品牌为目标，在体裁运用、篇目设置、资料选择等方面进行大量的创新，突出“名”和“特”，拣选各个名村中最值得记述、最具有代表性的人、事、物，予以浓墨重彩的描画，从而形成系列的、高质量的、可读性强、雅俗共赏的地方志读本，让地方志紧接地气、贴近百姓，让地方志成果进入寻常百姓家，让人民群众共享地方志成果，让越来越多的人从地方志中感知传统、历史和记忆，成为传统村落和传统文化的守护者，成为中华优秀文化的传承者。

是为序。

中国社会科学院院长
中国地方志指导小组组长

2017年11月

◉ 序二

习近平总书记指出："让居民望得见山，看得见水，记得住乡愁。"这句富有诗意的重要论述不仅唤醒了中国人城镇化建设过程中对于人和自然关系、人和历史关系的思考，同时也引发了学界对"乡愁"进一步进行文化意义解读的兴趣。从本质上看，乡愁是一种源自主体体验的情感，隐含了一种人们带着乡愁追寻自我生存与生命意义、追寻诗意栖居的精神家园的美学思辨。同时，这种追寻自我生存的主体逐渐转向大众群体，乡愁也由传统单一的"文化乡愁""爱国情怀"演变为对于"理想家园"的精神追求。

中国有近60万个村庄，约有5000个古村落，被住房城乡建设部和国家文物局界定的传统村落就有1561个。随着中国城镇化步伐的加快，乡村的版图日渐凋敝，大批农村青壮年劳动力走进城镇，融入了新的生活。然而，每逢传统佳节，那种挥之不去的离愁别绪挟裹着亿万农民工，又融入了返乡的滚滚洪流。这是乡愁的情愫牵动着他们，是故乡的山、故乡的水、故乡的老屋、故乡的小吃在牵动着他们，是故乡家家户户的楹联和口口相传的故事，以及只有在隆重的传统佳节才有的古老的民风习俗在牵动着他们。

文化可以体现一个民族、一个国家、一个社会的重量与体温，这是文化的力量之所在，而村落是传统中国的根脉所系，乡土社会是最能够体现中国传统文化特征的地方。梁漱溟曾指出："中国文化是以乡村为本，以乡村为重，所以中国文化的根就是乡村。"我曾在《建设社会主义新农村的理论与实践》一书中指出，在新农村建设的过程中，必须"保护和发展有地方和民族特色的优秀传统文化，创新农村文化生活的载体和手段，满足农民群众多层次、多方面的精神文化需求"，而编纂村志尤其是实施中国名村志文化工程就是一个重要举措。实施中国名村志文化工程，编纂中国名村志丛书，以最基层的村落为研究对象，寻根传统村落的历史，梳理村落的发展脉络，以唤起人们的归属感和认同感，探索新型城镇化和社会主义新农村建设过程中，如何留住乡音、乡风、乡思，继承传统文化精华，挖掘丰富历史智慧，是贯彻落实中央城镇化工作会议精神和中共十九大提出的“乡村振兴战略”的重要举措，是当前和今后一个时期全国地方志工作者的重要工作。

虽然村落文化正在日益远离当下生活，但我们可以抓住诸如基本村情、文物胜迹、古村保护、特色文化、旅游名胜、村域经济、风土民情、村民生活、新农村建设、艺文杂记、名人与名村等关键内容，通过志书的手法来诠释乡村文化的精华。我们如实记录着村落里的人和事，以及青山绿水、小河大树、袅袅炊烟，力争以最完整、最原真的方式呈现村落的前世今生。我们要为“迷失”的人留住乡村文化的根脉，让人们难以割舍的乡愁得以慰藉和释放。

中国名村志文化工程将触角伸向那些极具代表性的村落，它们有的历史悠久、名人辈出，有的经济腾飞、重获新生，有的风景秀丽、景观独特，有的地处边陲、神秘莫测……我们挖掘中国不同类型村落的发展之路，为探索新型城镇化和社会主义新农村建设的发展经验、发展模式、前进道路提供历史智慧和现实借鉴。因此，打造以重在表现乡村嬗变为主旨的中国名村志丛书十分必要和迫切，这是一项功在当代、利在千秋的文化工程。

近年来，随着中国经济社会的发展和国际地位的提高，越来越多的人想要认识中国、了解中国、研究中国。在这样的形势下，乡村是不可或缺的一环，我们要集中讲好发生在乡村的故事，向世界呈现一个多元的、立体的中国。乡村历经岁月变迁的风雨，见证着改革开放的步伐，寄托着数代中国人的情感。发生在乡村的故事无疑是血肉丰满的、震撼人心的、引起共鸣的。我们应该有这个自信能够讲好乡村故事，讲好中国故事，描绘出中国的底色，“让每一个中国人都能在地方志中找到自己的位置”。

可喜的是，越来越多的有识之士认识到了这一点，加入到保护、传承、发展村落文化的队伍中来。仅就编纂中国名村志丛书来看，第一批的申报范围就涵盖包括香港特别行政区在内的 32 个地区，申报数量高达 70 余部。“直笔著信史，彰善引风气，为当代提供资政辅治之参考，为后世留下堪存堪鉴之记述”，这是我们的初心和使命。希望中国名村志文化工程的实施，能够带动更多的人关注中国乡村文化，为社会主义文化强国建设作出更大的贡献。也希望越来越多的名村都来融入继承中华文化传统、颂扬中华传统文化的活动中，让正能量更多地润泽温暖人们的心灵，让更多的人“记得住乡愁”！

是为序。

中国社会科学院副院长
中国地方志指导小组常务副组长　李培林
2017 年 11 月

◉ 中国名村志文化工程专家委员会

名誉主任　徐匡迪

主　　任　王伟光

常务副主任　李培林

委　　员（按姓氏笔画排序）

毛其智　叶裕民　李　铁　李善同　杨保军　柳　拯

倪鹏飞　魏后凯

◉ 中国名村志文化工程学术委员会

主　　任　李培林

常务副主任　冀祥德

副 主 任　刘玉宏　邱新立

委　　员（按姓氏笔画排序）

于伟平　王　晖　王铁鹏　巴兆祥　田　嘉　苏炎灶

李　江　李孝聪　张大伟　张英聘　陈泽泓　陈　强

◉ 河南省郑州市金水区丰庆路街道陈砦村志编纂委员会

顾　　问　袁伦中　王卫明　陈　维　窦　凯

名誉主任　陈战军

主　　任　陈根国

副 主 任　宋书合

委　　员　陈雁鹏　陈彦军　陈新海　吴庆杰　王国林　陈立峰

陈金松　朱冬梅　陈玉亮　赵彦增

◉ 河南省郑州市金水区丰庆路街道陈砦村志编辑部

名誉主编　陈战军

主　　编　陈根国

副 主 编　宋书合　吉修银

编　　辑　吉修银　郭增磊　杨文森

协助编辑　陈自勤　孙秀梅　赵保文　陈自谦　李玉珠

图片提供　王永强　宋　丽　郭增磊

地图绘制　秦文静

资料提供　赵广文　赵庚午　孟庚辛　赵西明　陈喜胜　陈新有

吴老庚　赵进保　陈美兰

曲径通幽

◉ 中国名村志丛书凡例

一、以马克思列宁主义、毛泽东思想、邓小平理论、“三个代表”重要思想、科学发展观、习近平新时代中国特色社会主义思想为指导，坚持辩证唯物主义和历史唯物主义的立场、观点和方法，存真求实，全面、客观、系统记述我国村落发展变化进程和改革开放成果，传承和抢救乡土历史文化，激发爱国爱乡情怀，为探索中国特色新型城镇化建设、社会主义新农村建设的发展经验、发展模式、前进道路提供历史智慧和现实借鉴。

二、为全面反映入志事物发展脉络，各志上限尽量追溯至事物发端；下限一般断至各村志启动编修年份，个别重大事项可延至搁笔。

三、记述地域范围以下限年份的行政辖区为主。为体现名村在更大区域内的意义，可以从更开阔的区域视野记述与该村相关的内容。

四、统一采用纲目体，设类目、分目、条目三个层次。横排门类，纵述史实。除《中国名村志丛书基本篇目》要求的必设类目外，其余类目根据各村实际，依照突出时代特色、地方特色的原则自行安排。

五、综合运用述、记、志、传、图、表、录等各种体裁，以志体为主。

六、除引用文字和附录文献资料外，统一使用规范汉字及现代语体文记述体。记事坚持秉笔直书、述而不作，只记事实，不作评论，寓观点于材料之中。行文力求朴实、严谨、简洁、流畅、优美，具有较强可读性。

七、人物部类遵循“生不立传”原则，人物传主按生年排序，只选录对本村发展有重大影响的人物，不面面俱到。

八、所需数据一般采用政府统计部门数据，无政府统计部门数据时选用主管部门正式提供的数据。

九、数字用法、标点符号、计量单位分别执行国家标准《出版物上数字用法》（GB/T15835—2011）、《标点符号用法》（GB/T15834—2011）、《国际单位制及其应用》（GB3100—1993）和《有关量、单位、符号的一般原则》（GB3101—1993）。历史上使用的计量单位，如斗、石、里、尺、磅、华氏度等，在引文时可照录。考虑到社会使用习惯，全书中亩不统一换算，1 公顷＝15 亩。

十、自中华民国成立后的纪年，均使用公元纪年。志中所称“解放前（后）”，以当地解放日为界；“新中国成立前（后）”，以中华人民共和国成立日 1949 年 10 月 1 日为界；“改革开放前（后）”，以中共十一届三中全会召开的 1978 年 12 月为界。本志“×× 年代”，凡未加世纪者，均指 20 世纪的年代。

十一、为节省篇幅，避免重复，本志采用条目互见法。参见条目的表示形式为：参见本志“×× 类目 · ×× 分目 · ×× 条目”。

十二、对旧志、古籍中的繁体字、冷僻字一般用简化字或通用字替换，易引起误解的则保留。

十三、记述各个历史时期的党派、机构、职务、地名等，均以当时的名称为准。对频繁使用的名称，首次用全称，其后用简称。

十四、各村志需要单独说明的事项，均在各自编纂始末中记述。

陈砦村在中国的位置

乌鲁木齐
新疆维吾尔自治区
西藏自治区
拉萨
青海省
西宁
甘肃
兰州
银川
宁夏回族自治区
内蒙古自治区
呼和浩特
黑龙江省
哈尔滨
吉林省
长春
沈阳
辽宁省
北京
北京市
天津
天津市
河北省
石家庄
山西省
太原
陕西省
西安
济南
山东省
陈砦村
金水区
郑州
河南省
江苏省
南京
上海
上海市
安徽省
合肥
湖北省
武汉
杭州
浙江省
四川省
成都
重庆市
重庆
长沙
湖南省
南昌
江西省
福建省
福州
贵阳
贵州省
昆明
云南省
广西壮族自治区
南宁
广东省
广州
香港
香港
澳门
澳门
东沙群岛
海口
海南省
海南岛
西沙群岛
永兴岛
中沙群岛
黄岩岛
南沙群岛
曾母暗沙
台北
台湾省
台湾岛
钓鱼岛
赤尾屿
黄河
长江
渤海
黄海
东海
南海
图例
北京 首都
天津 省级行政中心
未定 国界
省、自治区、直辖市界
特别行政区界
名村所在县级区域
名村
1：32 000 000
审图号：GS（2017）3697 号

陈砦村在河南省的位置

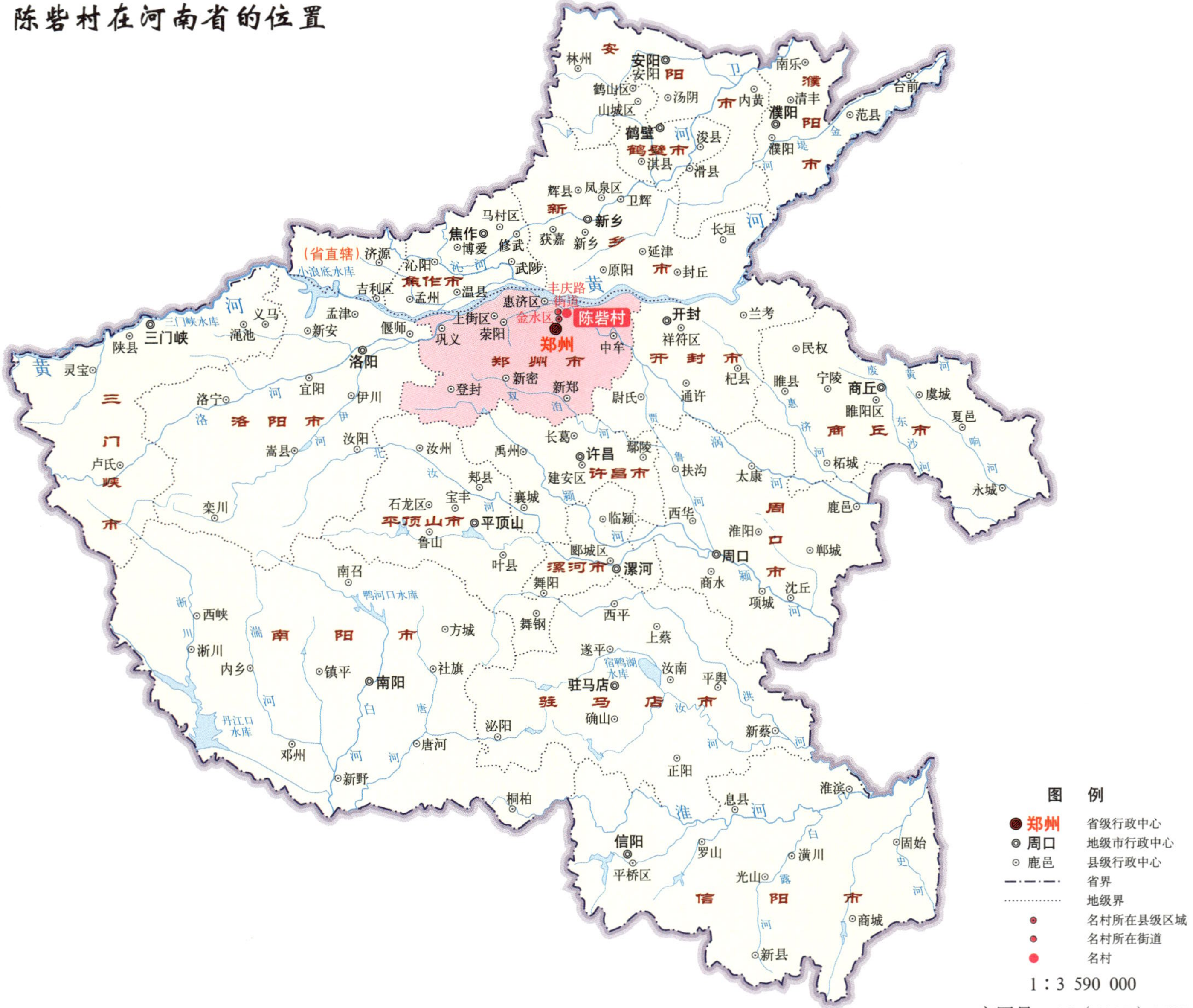

1 : 3 590 000

审图号：GS（2017）3697 号

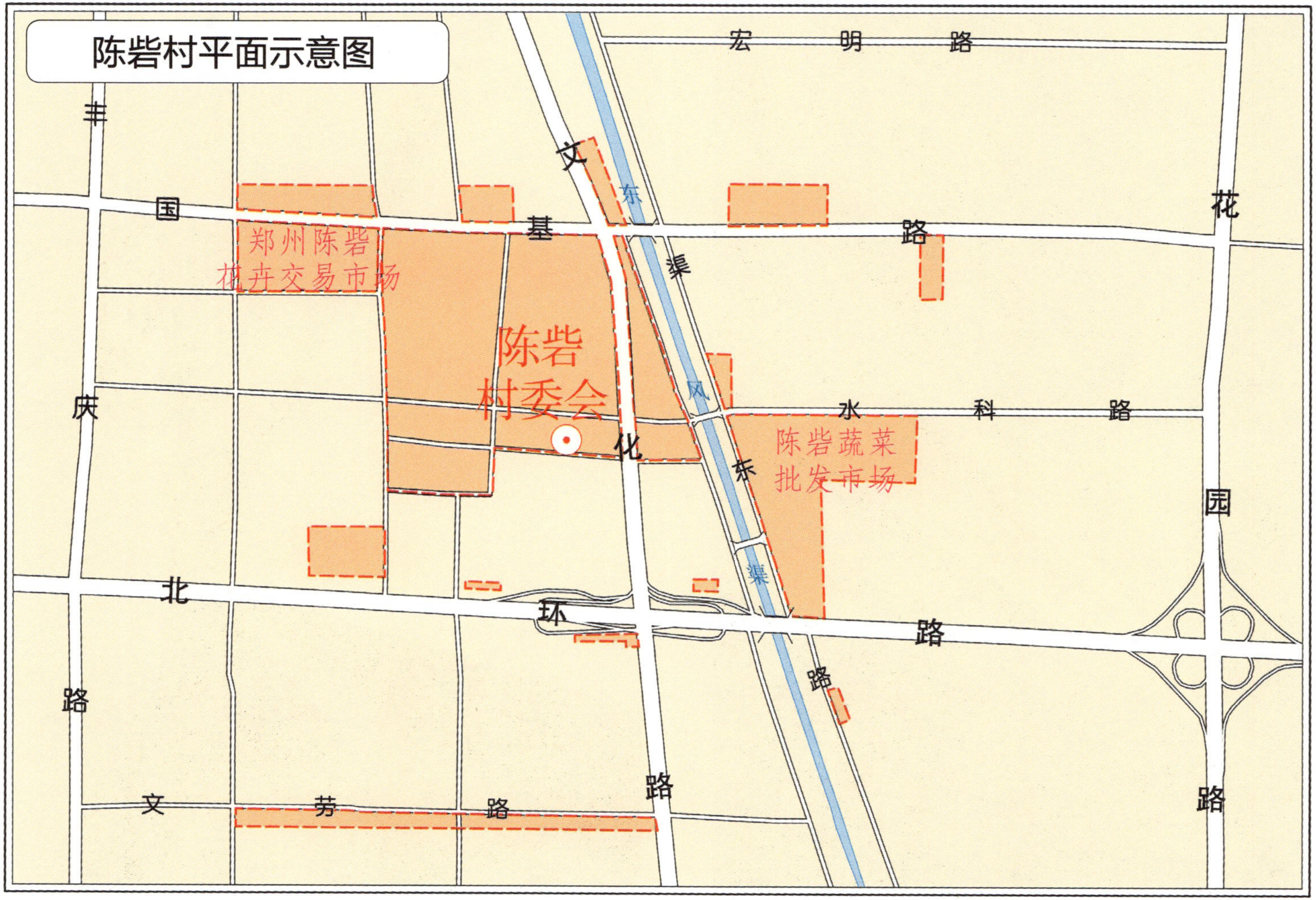
陈砦村平面示意图
宏明路
丰庆路
国基路
文化路
东风渠
花园路
郑州陈砦花卉交易市场
陈砦村委会
水科路
陈砦蔬菜批发市场
北环路
东风渠路
文劳路

北三环文化路立交桥

北三环快速路陈砦村段

华北水利水电大学

郑州海洋馆

文化公园

新建的居民楼

居民楼下的健身广场

东风渠陈砦段

郑州陈砦花卉交易市场内景

陈砦蔬菜批发市场

陈砦自行车骑游协会

21 世纪的陈砦村

◉ 目录

东风渠滨河公园景点

概述

陈砦村位于郑州市北三环快速路与主干道文化路交会处，地理位置优越、交通十分便利、经济繁荣发达。2015 年，陈砦村辖陈砦、东史赵 2 个自然村 5 个村民组，计 786 户，户籍人口 3753 人，流动人口达 16.6 万多人，村域面积 4.2 平方千米，其中村庄面积 0.618 平方千米，归金水区丰庆路街道管辖。

陈砦村是河南省乃至全国新型城市化建设的“活标本”，发展中逐步实现了融城三步曲，即自然村落—都市村庄—城市社区。20 世纪 90 年代前，村民多种植蔬菜、粮食，以农业为主。农业合作化时期柳林乡红光第一农业生产合作社是全省农业战线上“三面红旗”之一，党和国家 6 位领导人曾到陈砦村考察农村工作。90 年代后期逐步演变成都市村庄，陈砦村大力发展蔬菜产业和花卉产业。2005 年，陈砦村域全面实施城市社区化改革，共建社区 11 个。在城市化进程中，传统农村融入城区，农民逐步发展为市民，产业结构快速转型升级，村域经济迅猛崛起，高楼大厦林立，社会事业全面进步，常住人口及流动人口剧增，被河南省及郑州市多家媒体称为“中原小香港”。

高楼仰望久踟蹰，昔日蜗居踪迹无。
千万郑漂租住客，青春挥洒灿明珠。
——路坦

◉ 自然村落

陈砦村是郑州市历史悠久的村庄之一，由于时代变迁，村名多变。商朝时村址位于土龙岗附近，唐宋时期为东冯留村，明朝初年改名为“汤家砦”，清咸丰初年更名为“姜家砦”，末年又改名为“耿家砦”，同治年间（1862—1874）又更名为“陈家砦”，后来陈家砦简称“陈砦”。陈砦村隶属关系较复杂，宣统二年（1910）及1913年属郑县定安区第一段。1928年属郑县五权乡（乡公所在庙李村）。1931年国民政府设立陈砦保（辖陈砦、东史赵、沙门3个自然村）。1948年陈砦属郑县第二区。1953年撤销郑县成立郑州市人民政府郊区工作委员会，陈砦属第二区（区政府在杨槐村）。1955年9月，陈砦属祭城区柳林中心乡。1956年10月，陈砦属庙李乡。1958年8月，陈砦大队属北郊（老鸦陈）人民公社。1960年初成立金水人民公社，陈砦大队划归金水人民公社农业分社。1961年5月，陈砦大队又划归郑州市郊区陈砦分社（辖庙李、王砦、十二里屯等8个大队）。1963年2月撤销陈砦分社，陈砦大队又划归郊区老鸦陈人民公社。1980年，陈砦大队随老鸦陈人民公社划归郑州市蔬菜办公室。1982年4月，陈砦大队随老鸦陈人民公社划归郑州市金海区。1983 年 5 月，公社改为乡、大队改为村，老鸦陈人民公社分解为老鸦陈、毛庄、庙李 3 个乡，陈砦村划归庙李乡。1987 年 3 月，撤销郊区、金海区，陈砦村随庙李乡划归金水区。1998 年、2012 年，庙李乡更名，陈砦村随之分别属庙李镇、丰庆路街道。

中华人民共和国成立后，农业合作化时期赵文义组建的柳林乡红光第一农业生产合作社是全省农业战线上的“三面红旗”之一。20 世纪 60 年代，陈砦大力开展农田水利基本建设，全村耕地实现园田化、水利化。70 年代，陈砦在全省农村率先实现农业机械化。陈砦村是郑州市蔬菜生产供应基地和粮食生产重点区域，每年向郑州市提供冬储蔬菜 150 万千克，向国家缴纳公粮 13.5 万千克。其间，党和国家 6 位领导人先后到陈砦村考察农村工作。

中共十一届三中全会后，在改革开放总方针的指引下，陈砦坚持“无农不稳、无工不富、无商不活”的理念，在抓好蔬菜、粮食生产的前提下，积极鼓励和大力发展村组办、联营办及个体办社队企业（后改为乡镇企业）近百家，其中村办自行车零配件厂、金属铸造厂、包装材料厂、标准件厂获得良好的经济效益，为陈砦经济发展注入了新的活力。1989 年，陈砦村被河南省建设厅命名为“中州新村”。

◉ 都市村庄

1992 年，河南电视台拍摄 3 集电视片《都市村庄——关虎屯》。播放后，引起人们的关注，在社会上产生强烈反响，使人们在熟知的“城市”“农村”之间，又有一个新的、介于二者之间的新名词——都市村庄。21 世纪初，随着郑州市城市框架的快速扩大，邻近城区的陈砦等村庄也发展为都市村庄。都市村庄完全和城市融为一体，而且被城市层层包围，故亦称为“城中村”。都市村庄与传统农村的主要区别是绝大部分土地被行政企事业单位及市政设施建设征用，集体经济实力强，居民生活水平高，村域各类工商业繁荣发达。1994 年，陈砦村被评为郑州市的“小康村”。

20 世纪 90 年代中后期，陈砦村紧抓郑州商贸城建设和郑州市区北延的大好机遇，制定并实施“依城沿道、发展市场、服务城市、创造利润、强村富民、共奔小康”的规划，依据市场经济规律，选择和瞄准市场潜力大、科技含量高、经济效益好的项目，兴办村级工商企业 30 多个，其中郑州陈砦花卉交易市场，产品辐射全国 28 个省、区、市，并与荷兰、法国、韩国、比利时等国家花卉企业建立合作关系，已成为“买全国、卖全

20 世纪 90 年代的陈砦村

国"的花卉重要集散地；陈砦蔬菜批发市场，产品辐射全国 20 多个省、区、市，是全国十大蔬菜批发市场之一，已成为"南菜北调、北菜南运"的重要集散地。2000 年，陈砦村被郑州市政府授予乡镇企业"十强村"称号。

陈砦村注重发挥交通便利、土地资源丰富等优势，为适应经济发展新形势，90 年代中后期实施农民承包土地反租倒包给村委会的重大决策，积极开展适度规模经营，加大资金投入，进一步改造升级和巩固发展村办花卉交易市场、蔬菜批发市场、陈砦冷库、北晨房地产开发公司等企业，提高了经济效益及社会效益；大力发展土地、房屋、场地等租赁业，积极推行企业承包责任制，多渠道增加集体经济收入，集体经济收入逐年上新台阶。2005 年，陈砦村社会总产值达 9.8 亿元，集体经济收入 2373.15 万元（不含征地款），较 1997 年增长 21 倍，村民人均收入 1.08 万元，较 1997 年增长 5.4 倍。文化教育、医疗卫生、养老保险等各项社会事业全面发展。随着经济快速发展，陈砦村村民的生活水平不断提升。2006 年，陈砦村被中共河南省委、省政府命名为省级文明村。

◉ 城市社区

根据中共郑州市委、市政府《关于加强城市社区建设的意见》的精神，2005 年，陈砦村全面实施社区化改革。按照省市要求，在社区规划中坚持有利于服务管理、有利于居民自治、有利于资料整合的原则，依据社区地域范围和人口密度等情况，合理确定社区规模：一是社区居委会管辖范围一般在 3000 户、1 万人左右；二是新建住宅区，居民入户率达 50% 以上者应及时成立社区居委会；三是社区办公用房在 500 ~ 600 平方米之间，各项服务设施齐全，实现社区管理、服务、自治三者有效衔接，提高社区服务功能，促进社区和谐稳定。由于陈砦村域面积大，涉及被征土地单位多，故社区建设及归属较复杂。2015 年，共建有社区 11 个，其中丰庆路街道管辖水晶城社区、北晨社区、中方园社区、呈祥社区，北林路街道管辖汇城社区、院校社区、华北水利水电大学社区，东风路街道管辖文北社区、园田社区、绿城社区，国基路街道管辖金印阳光社区。城市社区建设，充分体现了陈砦村的时代特点和地方特色。

经济繁荣发达　20 世纪 90 年代后，随着郑州市城区快速向北扩展和商贸城建设步伐加快，陈砦村吸引众多高端企业入驻，以花卉交易市场、蔬菜批发市场、海洋馆、古玩城、茶城及大型商场、超市为主的游购中心区域建设，推动了村域经济的跨越式发展。集体经济实力强。2015 年陈砦村集体固定资产达 20 亿元，工商企业经营额（交易额）达 88.5 亿元，在没有外债的前提下集体经济收入达 7144.15 万元（不含被征地款），较 2005 年增加了 2.01 倍，并向国家缴纳税金 1.38 亿元。驻村企业经济兴旺。除陈砦村办企业外，驻村有大中型企业 6 家，2015 年企业营业额达 78 亿元，向国家缴纳税金超亿元。

交通极为便利　郑州市区多条道路贯穿村内，2002 年文化路南北贯穿陈砦村，红线路宽 60 米，村域内长 3 千米；1993 年建成的北三环路，2001 年扩建成北三环快速路，从陈砦村南边缘东西向通过，红线路宽 100 米（含绿化带），村域内长 2.5 千米；2000 年国基路由沙门村向西延伸通过陈砦村北沿，红线路宽 45 米，村域内长 2.3 千米。陈砦村东距中州大道（原 107 国道）2 千米，北距连霍高速公路 4 千米。同时，村域内设有公交线路 26 条，停车站点 27 个，为广大宾客到陈砦购物、游玩提供了方便。

地标建筑林立　陈砦村域内高楼大厦林立，是广大市民及到郑州宾客游购的重要场所。村域内有华北水利水电大学、河南财经政法大学、中原工学院广播影视学院、郑州陈砦花卉交易市场、陈砦蔬菜批发市场、郑州海洋馆、河南联通第二长途枢纽楼、大观音寺等。

商场超市众多 陈砦村域商贸服务业极为发达，国际国内品牌应有尽有，是广大市民及到郑州宾客最佳消费处。主要大型商场及企业有郑州思念食品有限公司、欧凯龙家具馆、永辉超市、家乐福超市。还有中原汽车交易中心、丹尼斯、国美电器等10多个商场，辖区有大型宾馆、饭店30多家及各类店铺2090家。

村域繁华热闹 陈砦村交通便利、各类设施齐全，吸引了大量宾客到此游购。据粗略统计，平常日客流量为12.5万人次，车辆1.1万辆；节假日客流量达20万人次，车辆1.5万辆。沿村中文化路两侧，建有北晨商业步行街、小香港城、台球俱乐部等，特色风味小吃种类齐全，各种日用品应有尽有，各类商业店铺营业时间至晚12点，各个街道人来人往，川流不息，热闹非凡。

花园小区建设 陈砦村域交通便利，紧邻市区，是房地产开发商瞄准的“宝地”。20世纪90年代以来，先后进驻名声大、实力强的省市级房地产开发商13家，共征地71.33公顷，建设宜居花园小区13个。小区内建有绿地、健身设施、商店等，体现了人与自然的和谐统一。

村民实现富裕型小康 随着经济快速发展，陈砦村村民的生活水平不断提升。21世纪后，村民经济收入主要是村委会发放的工资（含生活费及各项补助）、房屋租金和兴办工商业收益。2015年，村民人均收入18.85万元，经济收入逐年增长，村民消费支出也发生了变化：一是出行由步行、自行车、摩托车转向汽车，全村汽车入户率达95%以上，许多人家拥有两三辆汽车；二是家庭生活用品趋向高档、精致，除高档电视机、冰箱、洗衣机等外，适龄人员普遍拥有1～2部手机，电脑入户率达98%；三是文化教育、医疗保健、外出旅游观光支出明显增多，每年全村外出旅游达2000多人次，其中出国游30余人次；四是穿衣、饮食追求高档、时尚，恩格尔系数低于30%。

社会事业全面进步 教育事业较为发达：村域内有5所幼儿园、2所小学、1所中学、1所中专、4所大专院校，适龄儿童入学率达100%。医疗卫生条件优越：辖区设有河南煤炭总医院，并临近金水区总医院，还有村级卫生所及个体诊所70余家，为村民看病提供了方便。文化生活丰富多彩：陈砦村建有文体活动中心，并组建有秧歌队、盘鼓队、舞狮文艺队，每逢节假日呈现文化艺术表演高潮。社会治安成效突出：公安部门组建的陈砦警务区，由民警18人、协警28人、协管员26人组成，并实行“五户联保”“十户联防”及绿、黄、红三色牌匾评比管理，确保辖区治安稳定。2006年，公

居民小区一角

安部在陈砦警务区召开社会治安现场会，推广其先进经验。

名人层出不穷 陈砦村不仅经济发展、社会进步，而且人杰地灵。中华人民共和国成立前，说书艺人赵金有，世代祖传名医陈如章等，为发扬及传承传统文化艺术、医疗医术做出了积极的贡献。清同治年间（1862—1874），举人陈作力为民免赋。中华人民共和国成立后，在农村经济社会建设中涌现出多位带头人：20 世纪 50 年代至 60 年代，柳林乡红光第一农业生产合作社社长赵文义、生产队老队长赵金贵分别荣获“河南省劳动模范”称号；70 年代末，村支部书记孙秀梅被评为河南省“三八”红旗手；90 年代，村委会主任陈扎根荣获“河南省劳动模范”称号；2014 年，郑州陈砦花卉交易市场经理陈新有荣获“河南省劳动模范”称号。特别是陈砦籍陈冬，2016 年 10 月 17 日至 11 月 18 日期间执行神舟十一号飞行任务，获得圆满成功。12 月 26 日，陈冬被中共中央、国务院、中央军委授予“英雄航天员”称号，并获得“三级航天功勋奖章”。同时，涌现出博士、学士 24 人，村籍在外工作处级以上干部 13 人。

2003 年的陈砦文体活动中心

基本村情

陈砦村位于郑州市城区北部文化路与北三环快速路交会处一带，属郑州市金水区丰庆路街道辖区。陈砦村辖陈砦、东史赵两个自然村，面积 4.2 平方千米，因村民多为陈姓及村中曾有古砦，故名陈砦。陈砦村东邻沙门村，南到白庙村，西接庙李村，北至张家村。村域内有文化路、北三环快速路、国基路等多条城市主要道路，交通便利，区位优势明显。陈砦村地形以平原为主，另有土龙岗等多个土岗。属于温带大陆性季风气候，四季分明，雨热同期，适合多种植物生长，动植物资源丰富。

陈砦村历史悠久，商朝时就有人在此居住。此后历代均有居民在此生产、生活。改革开放以来，随着陈砦经济的快速发展，外来人口剧增，社区也逐渐增多。2015 年，陈砦村户籍人口 3753 人，流动人口约 16.6 万人。陈砦村设有党总支、村委会、监委会，以及共青团、妇代会、红白理事会等组织。

乡村都市两相宜，春水初潮智者知。
早趁东风驱巨舰，笑听金凤唱梧枝。
——路坦

◉ 建置沿革

村名由来

陈砦村包括陈砦、东史赵两个自然村。两个自然村历史悠久、文化底蕴深厚，都有不同寻常的来历。

陈砦村　商朝时期，都城亳（现郑州商城遗址）北部的土龙岗一带有先民居住，形成村庄（村名无考）。

唐宋时期，有冯姓在经过郑州北郊土龙岗时，看到此处有河流、土岗，觉得风水很好，便决定留下来长期居住。多年后逐渐发展成以冯姓为主的村庄，因冯姓居多便得名“冯留村”。后来人口增加，演变为东冯留（现陈砦村）、西冯留（现庙李村）两个小村。元朝末年，由于战乱，东冯留村村民被迫逃离他乡，村中无人居住，逐渐荒废。

明朝初年，在官府的组织下，山西的大批民众向河南、山东一带迁移。汤姓、陈姓民众从山西洪洞县出发迁至郑州城北的东冯留村，村庄逐渐恢复、发展起来。多年后，为了防止土匪的袭扰，村里修筑了砦墙。因村中汤姓人口较多，加之村有砦墙，东冯留村更名为“汤家砦”。明朝中期，姜姓、

20 世纪 90 年代的陈砦村口

耿姓、孟姓、杨姓人家陆续迁至汤家砦定居。村庄进一步扩大，形成东西向、南北向的两条街。

清咸丰初年，汤家砦因人多地少，汤姓搬迁至东边的柳林村定居。汤家砦的姜姓成为村中大姓，村名便改为姜家砦。咸丰末年，姜姓逐渐迁出，姜家砦的耿姓人口增多，成为村中大姓，村名改为耿家砦。

同治年间（1862—1874），耿姓迁出，陈姓成为耿家砦的大姓，陈姓在陈如章的主持下编修《陈氏家谱》，在郑州一带引起轰动，被传为佳话。因陈姓人口众多，耿家砦便改名为陈家砦（简称陈砦，有时也被写作陈寨）。后来“陈砦”逐渐叫响，沿用至今。

东史赵村 相传明朝时期，有赵姓从山西洪洞县迁到河南。几经辗转后在新郑县小乔村

东史赵村头的标志

（现属新郑市龙湖镇辖区）定居。后来人口增多，部分赵姓后人迁往他乡。

清乾隆年间（1736—1795），一支赵姓从新郑小乔迁至庙李村西北部定居。后来人丁兴旺，逐渐发展成村庄，被称为史赵村。

因人多地少，史赵村里的一支赵姓向东迁至庙李村东部定居。多年后人口逐渐增多，发展成为一个小村庄，也称史赵村。为了便于区分两个史赵村，人们把位于庙李村西部的称为“西史赵”，位于庙李村东部的称为“东史赵”，沿用至今。

隶属变化 商朝时期，亳都（现郑州商城遗址）北郊的土龙岗处形成村庄。西周时此村庄属于管国、郑国辖区，战国时期属于韩国辖区，秦朝时期属于三川郡管县辖区，汉朝时期属于河南郡（治所在洛阳）管县辖区，魏晋时期属于河南郡中牟县辖区。

唐朝时期，政府设置郑州。土龙岗上的村庄被称为东冯留村（现陈砦村），属郑州辖区。宋元时期，东冯留村均属郑州辖区。明初，东冯留村更名为汤家砦，仍属于郑州辖区。

清朝时期，东冯留村先后更名为姜家砦、耿家砦、陈家砦（简称陈砦），东冯留村西边逐渐形成东史赵村。陈砦、东史赵属于郑州辖区。宣统二年（1910），郑州城乡划为城厢区、人和区、仁亲区、永康区、长乐区、定安区、宣平区 7 个区，区下设有段，陈砦、东史赵属于定安区第一段。

1913 年，郑州改名为郑县，县下沿用 7 个区。陈砦、东史赵属郑县定安区第一段。1928 年，郑县下设多个乡，陈砦、东史赵属于郑县五权乡（乡公所在庙李村）。1931 年，国民政府实行保甲制度。陈砦一带设立陈砦保，辖陈砦、东史赵、沙门 3 个自然村。

1948 年郑县解放后，人民政府把原郑县城区部分设为郑州市，原郑县郊区部分设为郑县，陈砦、东史赵属于郑县第二区。1953 年，郑县划归郑州市，更名为郑州市人民政府郊区工作委员会，下设 8 个区，东史赵划归第一区（老鸦陈），陈砦划归第二区（柳林）。1954 年春，郑州市郊区合并为 5 个区、104 乡。陈砦和东史赵划归祭城区柳林乡。7 月，东史赵村民赵文义组织陈砦村、东史赵村的 6 个初级社、10 余个互助组以及部分单干户共 204 户成立郑州北郊第一个高级农业合作社——柳林乡红光第一农业生产合作社（简称红光社）。1955 年 9 月，郑州市郊区设立 4 个区、55 个中心乡。陈砦属于祭城区柳林中心乡。10 月 8 日，柳林乡红光第一农业生产合作社扩展为柳林农业生产合作社（又称柳林集体农庄），辖陈砦、柳林、姜砦、大铺、徐砦、沙门、高皇砦、杓袁、刘庄、李园、路砦、张家村、西史赵、庙李等 17 个高级农业生产合作社。1956 年 10 月，郑州市郊区将辖区的 55 个中心乡合并为 23 个大乡，陈砦、东史赵划归庙李乡。

1958年8月14日，郑州市郊区把辖区的23个大乡合并为东郊（祭城）、西郊（须水）、南郊（十八里河）、北郊（老鸦陈）、古荥5个人民公社。陈砦成立陈砦大队（辖陈砦村、东史赵村）划归北郊（老鸦陈）人民公社。1960年，郑州市成立金水人民公社，陈砦大队划归金水人民公社农业分社。1961年5月，陈砦大队划归郑州市郊区陈砦分社（辖陈砦、庙李、姜砦、西史赵、张家村、王砦、宋砦、十二里屯8个大队）。1963年2月，陈砦大队划归郑州市郊区老鸦陈人民公社。1979年1月，根据郑州市指示，陈砦大队革命委员会更名为陈砦大队管理委员会。1980年，郑州市郊区的老鸦陈人民公社、金海人民公社划归郑州市蔬菜办公室。陈砦大队随老鸦陈人民公社一起隶属郑州市蔬菜办公室管辖。1982年4月，陈砦大队随老鸦陈人民公社划归郑州市金海区。

1983年5月初，全国农村体制改革，公社改为乡、大队改为村、生产队改为村民组，老鸦陈人民公社分解为老鸦陈乡、庙李乡、毛庄乡。陈砦大队更名为陈砦村，划归郑州市金海区庙李乡。1987年3月，郑州市进行区划调整，撤销郑州市郊区、金海区等。陈砦村随同庙李乡划归郑州市金水区。

1998年，金水区庙李乡更名为庙李镇，陈砦村隶属庙李镇。2012年，庙李镇更名为丰庆路街道，陈砦村隶属丰庆路街道。

村组演变 民国时期，陈砦保辖陈砦、东史赵、沙门3个自然村。

1954年，红光社辖7个小社。1958年，陈砦大队成立，辖7个生产队。1959年，陈砦大队更名为庙李大队陈砦中队，辖3个生产队。1962年，恢复陈砦大队，所辖的3个生产队调整为10个生产队。1966年，陈砦大队的10个生产队合并为6个生产队。1983年，陈砦大队更名为陈砦村，6个生产队更名为村民组。1998年，陈砦村的6个村民组调整为5个村民组。

2015年，陈砦村仍为5个村民组，其中第一、第二村民组位于东史赵自然村；第三村民组的小部分位于东史赵自然村，居民主要为赵姓，大部分位于陈砦自然村；第四、第五村民组位于陈砦自然村。

◉ 区位交通

地理位置 陈砦位于郑州市北部文化路与北三环快速路交会处，是郑州一带历史最悠久的村落之一，亦为郑州北郊的一个大村。清朝时期，陈砦村域（包括陈砦、东史赵两个自然村）面积 4.2 平方千米。陈砦村的四至分别为东至马李庄村、沙门村、徐砦村，南到白庙村、大铺村、小铺村、姜砦村，西接庙李村、西史赵村，北邻张家村、路寨村、柳林村。

民国时期，陈砦村域面积基本不变。1916 年，刘瑞璘编纂的《郑县志》中提及陈砦村，并在地图中予以标注。

中华人民共和国成立后，随着郑州市城区面积的扩大，很多企事业单位、大中专院校先后在陈砦村域内兴建。华北水利水电大学、河南财经政法大学、中国（郑州）汽配大世界、河南联通第二长途枢纽楼、中原工学院广播影视学院、郑州海洋馆等新的“地标”在陈砦村域内不断涌现。

交通枢纽 1954 年，郑州成为河南省省会后，步入大发展阶段。为了适应发展的需要，郑州市政府在郑州北部修建多条道路。其中很多主要道路穿过陈砦村域，主要有文化路、花园路、国基路、北三环快速路、渠东路、洛阳路、信息学院路等，陈砦村周边还修建有东风路、天明路、连霍高速路等。这些道路在陈砦村一带构成纵横交错的稠密

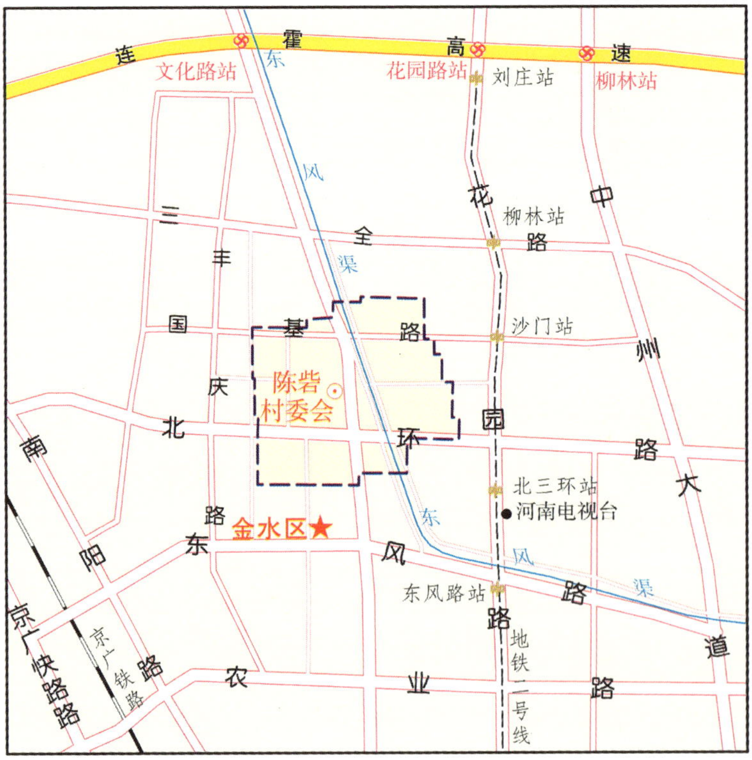

陈砦村区位交通示意图

位于陈砦的公交站牌

6 路公交车

77 路公交车

的交通网络，成为郑州市交通网的重要组成部分。通过这些道路网，陈砦村变得四通八达，发展为郑州北部重要的交通要地，被称为“交通枢纽”。

公交线路 作为郑州市重要的“交通枢纽”，郑州市公交公司在陈砦村域设有陈砦站、陈砦中街站、陈砦花卉市场站、陈砦蔬菜市场站、郑州海洋馆站、国基路公交站、文化路公交站等多个公交车站，6 路、B18 路、29 路、77 路、79 路、723 路、966 路等 26 条公交线路途经陈砦村。这为陈砦村域乃至郑州北部居民的出行提供了便利，居民外出可以享受到快捷、顺畅、便利的交通。

自然环境

地质地貌

地质 陈砦村位于巩荥（巩义、荥阳）大背斜末端东北翼和华北沉降带开封凹陷区西南边缘过渡地带，属于黄河冲积扇平原地区。地质构造单一，地层岩性以浅黄色、黄棕色的亚黏土为主，一般深 30 ~ 50 米，最深 60 米左右。局部有风成粉细颗粒堆积而成的沙丘，厚 5 ~ 10 米。根据 2003 年 3 月陈砦村打机井时钻井勘探的地质资料可知，陈砦村地下的地层有两层。

下层以棕红色泥岩和绛红色黏土为主，夹浅黄色细砂、中细砂，厚约 500 米。

上层为第四系（Q）。为最新的沉积地层，由西南向东北方向逐渐增厚。从下至上可分为 4 个地质单元。1. 下更新统（Q_1）。下部为棕黄、黄棕、灰绿色亚黏土与厚层中细砂、中砂；上部为灰绿、棕红色亚黏土、黏土夹浅棕色薄层细砂。厚 70 ~ 150 米。2. 中更新统（Q_2）。以冲积相沉积物为主，由黄棕、棕黄色亚黏土、亚砂土夹薄层粉细砂、中细砂组成。厚度一般为 40 ~ 100 米。3. 上更新统（Q_3）。为黄河冲积物，特点是“二元结构”明显。由暗灰、灰黄色轻亚砂土与粉砂、粉细砂、细砂组成。厚 50 米左右。4. 全新统（Q_4）。为黄河冲积物，厚度一般为 5 ~ 30 米。岩性为灰黄、黄灰色亚砂土及粉细砂，普遍夹有黑色淤泥质土。

地貌 陈砦村自然地势比较平坦，起伏不大，整体上西南部偏高，东北部略低一些，村东在雨天容易形成涝灾。陈砦村地形以平原为主，平原面积占村域面积的 90% 以上，海拔在 83 ~ 103 米之间。

陈砦村域除了平原外，另有土岗、坡地。商周时期，因风沙大，逐渐堆起土龙岗等多个大的土岗，共计占地 400 多亩。有先民依岗居住，逐渐发展成村庄。这些土岗后来被陈砦村民命名为土龙岗、北老坟、东老坟、蝎子岗、陈家坟、皮匠坟、西小岗、大岗、老李坟、东小岗等。

土龙岗也叫北地岗，位于陈砦村中部偏北一些，占地 200 多亩，大致轮廓呈“龙”形，为东南—西北走向。此岗东南段最高处相对高度为 10 米，岗的北部另有 2 个凸起的高地，相对高度为 5 米。此岗长 1 千多米，宽 300 余米。岗上有大片土地，地面覆盖有沙土，耕种困难，常年荒芜，仅有少量野生枣树、杂草。因为此岗外形像“龙”，被百姓认为是“藏龙卧虎”的风水宝地，历代均有人在此定居，以求借助“龙威”使自己家业兴旺。20 世纪 80 年代后，富裕起来的陈砦村民大规模建房，岗上的沙土被大量使用，土岗逐年缩小。2005 年，变为平地，原址处全部建成民居。

北老坟位于陈砦村北部，占地近 10 亩。原名无考，明朝后期岗上因有陈砦村陈姓的祖坟而得名。大致呈长方体，南高北低，从南向北延伸。原来较大，清朝时逐渐缩小。中华人民共和国成立初期，此岗长 200 米，宽 100 米，高 9 米。1995 年前后，因陈砦村民在岗上取土建房而逐渐消失。

土龙岗示意图

东老坟位于陈砦村东部。所处的土岗原名无考，后因陈砦陈氏的先人陈国辅在此安葬，加之位于村庄之东而得名。大致呈长方体，东高西低，呈东西走向。原来较大，清朝时逐渐缩小，长 100 多米，宽 70 米，高 2 米，占地近 10 亩。20 世纪 70 年代，为了便于机械化耕作，陈砦村平整土地，此土岗被平掉。

蝎子岗也叫大岗，位于陈砦村东南部。呈正方体，有点像面包，边长 100 米，高 6 米，占地 4 亩。相传岗上有很多蝎子，故名蝎子岗。从此处经过的人，一想到“蝎子”便不寒而栗，以至于岗上常年人迹罕至，土地长期荒芜。1989 年，政府在附近投资兴建华北水利水电学院（后更名为华北水利水电大学），蝎子岗原址成为校园的一部分。

陈家坟位于陈砦村北部，原为大沙岗，占地 2 亩多，位于现大观音寺门前。因一支陈姓在此安葬而得名陈家坟。坟地立有 3 通石碑，又名“三杆碑岗”。清朝末年，这支陈姓举家迁往祭城村（现属郑州市祭城路街道办事处辖区），坟地无人管理，逐渐荒废。中华人民共和国成立初期，占地减少至 1 亩，大致呈正方体，边长 30 米，高 3 米。1995 年，因村民建房取土被平掉。2014 年，原址北部建有佛教寺院大观音寺。

皮匠坟位于陈砦村西北部，大致呈长方体，东西长 100 多米，南北宽 60 米，高 2 米，占地 5 亩。原为无名土岗，后来有一赵姓皮匠去世后葬于此，因此得名“皮匠坟”。2000 年，因村民建房取土被平掉。2003 年，原址处兴建郑州海洋馆。

气候水文

气候　陈砦村地处北温带，为北温带中的暖温带地区，在降水上属于半干旱半湿润地区。受季风影响明显，气候类型为北温带大陆性季风气候。陈砦村的气候条件，适合小麦、玉米等农作物以及柳树、杨树、槐树、桐树等多种树木的生长。

在太阳辐射、地形地质、大气环流等因素的影响下，陈砦村气候具有冷暖适中、四季分明、雨热同期、干冷同季等特征。具体表现为：

春季干旱、多风、冷暖无常。月平均气温为 7.8 ~ 21.6℃，月平均降水量为 26.1 ~ 51.3 毫米。夏季炎热、多雨，雨热同期。月平均气温为 25.8 ~ 27.3℃，最高气温为 43℃，月平均降水量为 66 ~ 152.8 毫米。基本可以保证农业生产所需要的温度和水分。但大风、暴雨等灾害性天气也时有发生。秋季晴朗、凉爽、日照充足。月平均气温为 7.9 ~ 20.9℃，月平均降水量为 28.1 ~ 75 毫米。冬季寒冷、干燥，风多雨（雪）少。月平均气温为 −0.3 ~ 2.2℃，月平均降水量为 8 ~ 11.8 毫米。特别寒冷时，房檐上的滴水可以冻成喇叭形的冰棒（俗称“琉璃喇叭”）；水面可以凝结成厚达 10 多厘米的冰层，人们可以在上面滑冰、嬉戏。20世纪80年代后，受城市建设、工业污染的影响，全球气候变暖，陈砦一带亦受到影响。冬天水面难见较厚的冰层，房檐上的滴水亦不再冻成“琉璃喇叭”。夏天有时异常闷热，出现让人难受的“桑拿天”。

四季中，春季大致始于3月27日，终于5月20日，历时55天；夏季大致始于5月21日，终于9月7日，历时110天；秋季大致始于9月8日，终于11月9日，历时63天；冬季大致始于11月10日，终于来年的3月26日，长达137（或136）天。

水文 陈砦村域的河流主要有泥河、水沟、东风渠等。

泥河发源于金水区的寺坡村、十二里屯村一带，因水中泥沙多、水面浑浊而被称为泥河。从陈砦村由西南向东北流过，流经陈砦村约3千米，水面宽2～10米，最宽处30米，水深2～4米。陈砦村泥河水域有8个水潭，潭里有鱼、虾，天热时常有村民到这里洗澡；天旱时泥河水量大减，水潭逐渐干涸，有时会变成深坑。中华人民共和国成立后，泥河的水量逐渐减少，直至断流，河道荒废。1966年，陈砦村开始平整土地，填平部分河道。1975年，原泥河的河道被全部填平，河沟变成庄稼地。

水沟发源于金水区小杜庄村，为一条季节性河流，天旱时偶尔会出现断流，因水量不大，如同一条小水沟，而被称为水沟。水沟从陈砦村南边的姜砦流入陈砦，流经陈砦村南部，呈西南东北流向。流出陈砦后进入沙门、徐砦之间。水沟在陈砦长2000多米，宽5～10米，最宽达50米，水深2米左右，河里有鱼、虾等。1955年前后，水沟彻底干涸。1970年前后，为了发展农业生产，陈砦村进行土地平整。水沟在平整土地时被填平，成为农田。

东风渠为郑州市北部的一条人工河。1958年春，郑州市人民用义务劳动的方式开挖引黄（黄河）灌溉水渠。在没有挖土、运土机械可供使用的情况下，市区工人、郊区农民、解放军官兵、机关干部、学生等分段、分片包干开挖。东风渠经过陈砦村东部，在陈砦村长2千米，平均宽约100米，共占用陈砦村土地460亩。为了支援国家建设，陈砦村积极配合东风渠的开挖、征地等工作。1960年，渠道主体工程基本完工，根据当时形势，这条人工渠道被命名为东风渠。东风渠干渠全长42.25千米，流域面积576平方千米，其中流经郑州市郊32.3千米。东风渠设计流量为200～600立方米/秒，实际流量为200立方米/秒左右。东风渠沿线有金水河、熊儿河、七里河等河流汇入其中。2002年，郑州市人民政府为了改变城市人居环境和美化市容市貌，在对东风渠进行清淤、改造和绿化的基础上，兴建东风渠滨河公园，2006年建成并向市民

东风渠陈砦段

开放。居住在东风渠滨河公园附近的陈砦村民常到公园晨练、游玩。

植物动物

一方水土养一方人。陈砦一带气候温暖，水源丰富，适合多种生物生长，村域拥有丰富的动植物资源。在漫长的时期里，这些资源成为世代陈砦人赖以生存、发展的物质基础。

植物 粮食作物：小麦、大麦、稻子、玉米、谷子、红薯、高粱、黄豆、绿豆、豇豆、荞麦等。

林木果树：杨树、槐树、榆树、柳树、椿树、楝树、桑树、枣树、桃树、梨树、杏树、苹果树、葡萄树、核桃树、石榴树等。明清时期，因陈砦多为沙土地适合枣树的生长，村中野生、人工种植的枣树较多。民国时期，陈砦有 5 家苹果园，种植面积 30 多

村民家中的花草（一）

村民家中的花草（二）

石榴树

亩。此外还有面积较小的梨园、杏园。1956 年，陈砦开始大规模种植苹果树，在村西北部种植 200 多亩，品种有红玉、国光等。1958 年，苹果园发展到 500 多亩，亩产 1000 千克，每千克售价 0.2 元，成为陈砦大队集体的重要收入。为了发展林业，陈砦还建有林场，占地 640 多亩。

花草：陈砦村中野生的花草较多，主要有野菊花、地丁花、牵牛花等。开花时节，土龙岗上花朵繁茂，小孩常到岗上摘花玩耍。中华人民共和国成立前，陈砦村民因生活贫困，花养得很少。

中华人民共和国成立初期，陈砦村民家中种植的花草逐渐增多，主要有凤仙花（俗称指甲花）、仙人掌等，花的价值不高，品种亦不多。改革开放后，陈砦村民生活逐渐富裕，养花的家庭大增，一般每家养花 10 盆左右，最多的超过 100 盆。花的品种繁多，其中不乏海棠、丁香、芍药、蜡梅、山丹等。

陈砦村的野生杂草有茅草、荻、蒿草、稗蔓、苜蓿、蒺藜、狗尾巴草、大画眉草（星星草）、节节草、刺蓟、抓地龙等。其中荻主要分布在陈砦村的几个荻坑周围，为当地的特产。

动物 家畜类：牛、马、驴、骡、猪、羊、兔、狗、猫等。

家禽类：鸡、鸭、鹅等。

兽类：狐狸、獾、野兔、黄鼠狼、田鼠、刺猬等。过去黄鼠狼常在夜里到村民家偷吃鸡，村民十分痛恨。一些村民多次在庄稼地里抓到野兔、田鼠等。

鸟类：麻雀、乌鸦、喜鹊、雉鸡（野鸡）、大杜鹃（布谷鸟）、斑鸠、猫头鹰、小燕、大雁、鸽、鹌鹑等。

鱼类：鲤鱼、鲫鱼、马口鱼、草鱼、鲢鱼、青鱼、鳝鱼等。

◉ 人口

人口数量 陈砦村自先民明朝初年迁此后，因清朝、民国时期自然灾害频繁，村民生活水平低下，传染病肆虐，政府又措施不力，人口自然增长缓慢。中华人民共和国成立前夕，陈砦、东史赵两个村仅有 785 人。中华人民共和国成立后，受旧生育观的影响，加之翻身农民生活水平迅速提高，人口增长率一度偏高。20 世纪 70 年代以来，为控制人口过快增长，陈砦村贯彻、落实国家计划生育政策，使人口增长率在合理范围内。至 2015 年年底，全村共有户籍人口 3753 人。

清末至 2015 年部分年份陈砦村人口数量统计表

表 1

时　期	户数（户）	人　口		
		合计（人）	男（人）	女（人）
清朝末年	104	509	252	257
1948 年	155	785	383	402
1950 年	170	815	396	419
1953 年	172	868	420	448
1982 年	436	1856	895	961
2000 年	711	3327	1608	1719
2015 年	786	3753	1828	1925

20 世纪 90 年代后，名声大、实力强的省市房地产开发商征陈砦村及临近土地，共建宜居花园小区 13 个，很多人到此买房落户。据各社区对人口普查登记可知，2015 年各社区有户籍人口 54921 人。

人口密度 21 世纪初，随着陈砦村经济的迅速发展、商户的涌住、外来务工人员的骤增，人口密度逐年增大。至 2015 年，陈砦村域总人口 225104 人，其中户籍人口

58674 人（含陈砦村户籍人口 3753 人、各社区户籍人口 5492 人），流动人口 166430 人。村域人口密度为 53596 人 / 平方千米，村庄内人口密度更高达 275377 人 / 平方千米。

2000—2015 年部分年份陈砦村域人口密度统计表

表 2

年份	人口				村域		村庄内	
	合计（人）	陈砦村户籍人口（人）	各社区户籍人口（人）	流动人口（人）	面积（平方千米）	密度（人 / 平方千米）	面积（平方千米）	密度（人 / 平方千米）
2000 年	81595	3327	5758	72510	4.2	19427	0.618	122714
2010 年	140318	3438	14093	122787	4.2	33409	0.618	204248
2015 年	225104	3753	54921	166430	4.2	53596	0.618	275377

说明 1. 村域人口密度以人口合计数为统计标准。2. 村庄内人口密度以陈砦村户籍人口与流动人口之和为统计标准

人口结构

性别结构 陈砦村人口构成上女性一直多于男性：1948 年，男 383 人、女 402 人，女性比男性多 19 人；1953 年第一次全国人口普查男 420 人、女 448 人，女性比男性多 28 人；2000 年第五次全国人口普查男 1608 人、女 1719 人，女性比男性多 111 人；2015 年 3753 人，其中男 1828 人、女 1925 人，女性比男性多 97 人。性别比一直小于 1，女性人口一直多于男性人口，是陈砦人口性别结构的特点。

清末至 2015 年部分年份陈砦村人口性别结构统计表

表 3　　单位：人

时间	总人口	性别结构				
		男		女		性别比（女性为 100）
		人数	%	人数	%	
清朝末年	509	252	49.51	257	50.49	0.98
1948 年	785	383	48.79	402	51.21	0.95
1950 年	815	396	48.59	419	51.41	0.95
1953 年	868	420	48.39	448	51.61	0.94
1982 年	1856	895	48.22	961	51.78	0.93
2000 年	3327	1608	48.33	1719	51.67	0.94
2015 年	3753	1828	48.70	1925	51.30	0.95

民族结构 陈砦村从明朝至1964年第二次全国人口普查一直仅有汉族，没有其他民族。后因干部、学生下放，有1户回族人家入户陈砦村，陈砦村才有少数民族。至2015年，全村有户籍人口3753人，其中少数民族仅10人，占全村人口的0.27%。少数民族中除回族外，还有土家族1人、苗族1人。

清末至2015年部分年份陈砦村人口民族结构统计表

表4　　　　单位：人

时间	总人口	民族结构			
		汉族		少数民族	
		人数	%	人数	%
清朝末年	509	509	100	0	0
1948年	785	785	100	0	0
1950年	815	815	100	0	0
1953年	868	868	100	0	0
1982年	1856	1851	99.73	5	0.27
2000年	3327	3319	99.76	8	0.24
2015年	3753	3743	99.73	10	0.27

家庭结构 中华人民共和国成立前，人们受“多子多福”“大人口好”观念的影响，村里一二十口的人家有，十来口的人家也不少，一般多为四至八口人。中华人民共和国成立后，村民的思想观念逐渐发生变化，家庭户向小家庭转化。据与老人座谈和人口资料显示：1948年郑州解放前夕陈砦户均人口5.06人，1953年第一次全国人口普查时户均人口5.05人，2000年第五次全国人口普查时户均人口4.68人，2015年户均人口4.77人，家庭结构呈现户均人口减少的趋势。

清末至2015年部分年份陈砦村家庭结构统计表

表5　　　　单位：户、人

时间	总户数	总人口	户均人口
1948年	155	785	5.06
1953年	172	868	5.05
2000年	711	3327	4.68
2015年	786	3753	4.77

流动人口 中共十一届三中全会后，改革开放的富民政策使陈砦经济腾飞。20 世纪 80 年代后，外来务工的人口开始流向陈砦。随着陈砦蔬菜批发市场、郑州陈砦花卉交易市场等的开业，流动人口更是与日俱增，从四面八方成千上万地涌入陈砦。此时，陈砦村民瞄准商机，家家户户在自己家的宅基地上盖 6 ~ 15 层的高楼，对外出租，盖成一批，出租出去一批，很少有空房。外来流动人口租房，主要分住在 786 户村民家高楼中，少数住在自己所在单位。据庙李派出所陈砦警务区提供的资料，至 2015 年，村里流动人口达 166430 人，是陈砦村户籍人口 3753 人的 44.35 倍，其中男 98277 人，占流动人口总数的 59.05%，女 68153 人，占流动总人口 40.95%。

1990—2015 年部分年份陈砦村内流动人口统计表

表 6 单位：人

年份	人口数		
	合计	男	女
1990	5317	2855	2462
1995	9536	4860	4676
2000	30656	16031	14625
2005	61787	36521	25266
2006	66438	39264	27174
2008	82063	48482	33581
2010	102477	60522	41955
2012	130256	76903	53353
2014	156445	93241	63204
2015	166430	98277	68153

村民姓氏

据调查：2015 年年底，陈砦行政村有陈氏、赵氏、孟氏、杨氏、姜氏、孙氏、海氏、赫氏、许氏、柴氏、张氏、王氏、李氏、冯氏、耿氏、马氏、宋氏、吴氏、蓝氏、刘氏、任氏、白氏、徐氏、朱氏、窦氏、姚氏、黄氏、齐氏、薛氏、周氏、罗氏、贾氏、董氏、谢氏、于氏、史氏、姬氏、韦氏、贺氏、程氏、郭氏、鲜氏、曹氏、洪氏 44 个姓氏。有的虽然姓氏相同，但开基祖不同，谓一姓多族。全村以陈氏最多，赵氏居第二。

陈氏 据陈氏老辈人说，《陈氏家谱》和村北老坟祖碑上面都显示：陈砦陈氏开基祖是位老祖奶（开基祖丰仪之妻）。因丰仪去世早，她担挑着两个儿子于明洪武三年（1370）由山西洪洞县迁此安家落户。今陈氏红白事来往者有 12 个家族，谓 12 门或 12 个支系。2015 年，陈氏有 645 年的家族史，已传至 29 世“其”字辈陈其佳。2015 年，陈氏有 307 户、1603 人，占陈砦村户籍人口 3753 人的 42.71%。

赵氏 赵氏人家多居住东史赵自然村，和西史赵村赵氏系同根同祖。他们于清乾隆年间（1736—1795）迁此，后形成村庄，命村名东史赵。2015 年，赵氏 220 户、1103 人，属陈砦村第二大姓。

2015 年陈砦村各村民组姓氏统计表

表 7　　单位：户、人

姓氏	第一村民组		第二村民组		第三村民组		第四村民组		第五村民组		合计	
	户数	人数	户数	人数	户数	人数	户数	人数	户数	人数	户数	人数
陈			3	16	22	116	125	635	157	836	307	1603
赵	111	523	68	372	37	189	3	13	1	6	220	1103
李	3	10			11	42	11	43	4	23	29	118
张	17	68			8	30					25	98
吴			25	95					1	5	26	100
蓝	21	84									21	84
王	1	5			2	7	11	52	7	40	21	104
孟					17	70					17	70
杨					12	50			2	9	14	59
孙							1	5	17	66	18	71
宋			4	20			1	1			5	21
朱	2	9	2	10	1	5	6	25			11	49
刘	4	18	3	11	1	4					8	33
赫									6	23	6	23
姜					4	16					4	16
耿							5	19			5	19
马							3	12	1	5	4	17
白	3	13									3	13

续表 7

姓氏	第一村民组		第二村民组		第三村民组		第四村民组		第五村民组		合计	
	户数	人数	户数	人数	户数	人数	户数	人数	户数	人数	户数	人数
冯							3	12			3	12
徐	3	10	1	3							4	13
任					3	12					3	12
程									2	11	2	11
海									3	10	3	10
柴							2	7			2	7
许	1	5							1	4	2	9
贾									2	7	2	7
窦									2	7	2	7
齐					1	4	2	7			3	11

说明：曹、于、史、韦、罗、姚、薛、黄、郭、谢、贺、姬、董、周、鲜、洪 16 姓氏均仅 1 户，人口较少，未列入表内

长寿老人 随着经济的发展，陈砦村民生活水平不断提高。人们的观念由温饱向科学养生转变，长寿老人日益增多。至 2015 年年底，陈砦村 80 岁以上的老年人 224 人，占全村 3753 人的 5.97%。其中 90 岁以上的长寿老人 55 人，其中已故的 39 人，健在的 16 人；百岁寿星有王三妞、陈美荣。

2015 年陈砦各村民组 80 岁以上老年人统计表

表 8　　　　单位：人

村民组	已故 80 岁以上老人			健在 80 岁以上老人			合计
	小计	80 ~ 89 岁	90 岁以上	小计	80 ~ 89 岁	90 岁以上	
第一村民组	29	18	11	6	6	0	35
第二村民组	27	16	11	13	11	2	40
第三村民组	28	22	6	10	5	5	38
第四村民组	25	20	5	16	10	6	41
第五村民组	45	39	6	25	22	3	70
总计	154	115	39	70	54	16	224

2015年年底陈砦村健在的90岁以上长寿老人统计表

表9　　　　　　　　　　　　　　　　　　　　　　　　　　　　　单位：人

姓　名	性别	出生年月	年龄	子孙数目						最晚辈	
				子	女	孙	孙女	曾孙	曾孙女	辈　分	姓　名
张桂兰	女	1921年2月	95	1	2	2	2	2	2	曾孙	吴嘉成
任巧云	女	1924年5月	92	3	2	1	5		1	曾孙女	赵宁欣
赵铁毛	男	1924年	92	2	4	2	1		1	曾孙	赵蔓兹
李秀兰	女	1924年9月	92	3	5	2	3	2	2	曾孙	孟子越
李凤英	女	1923年3月	93	3	1	3	2	1		曾孙	杨枘航
邵顺英	女	1923年3月	93	3	2	1	5	1		曾孙	孟维晨
李春梅	女	1926年7月	90	3	3	4	2	2	4	曾孙	赵辰鑫
马兰生	男	1924年12月	92	1	2	1	2	1		曾孙	马新懿
王秀琴	女	1924年9月	92								
陈国亮	男	1926年3月	90	3	2	3	2	3	2	玄孙	陈佳琦
梁秀梅	女	1925年3月	91	1	1	1	1			曾孙	陈浩桢
宋秀花	女	1925年2月	91	2	1	2	2	2		曾孙	陈浩男
陈三宝	男	1924年5月	92	2	1	2	1	1	2	曾孙	陈鑫龙
花秀梅	女	1926年1月	90	5	2	4	3	2	2	曾孙	陈俣杰
任秀兰	女	1925年6月	91	3	2	5	1	6		曾孙	陈贝贝
李秀英	女	1926年11月	90	1	5	1	2	1	1	曾孙	陈嘉涵

王三妞

百岁寿星　王三妞，女，生于1904年，养育三男二女长大成人。中华人民共和国成立后，她积极参加土地改革运动，关心、热爱集体，在劳动中不怕苦、不怕累，任劳任怨，多次被评为郊区与老鸦陈人民公社农业生产先进个人、劳动模范，受到表彰和奖励。在她的带领下，家庭团结，邻里和谐。现在三儿子和老妞仍健在，住着四栋现代化6000平方米的4～6层楼房。老人在世时，家里子孙们都很孝顺她，“家有一老如有一宝”，全家人常逗她开心，使老人家总是乐呵呵的。晚年，她生活幸福美满，身体健康，七八十岁时还常帮助家里做活儿，90多岁生活依然能自理，不给儿孙们添麻烦，注意学习养生知识，坚持“八常”“四淡化”：即“头常梳、面常搓、耳常弹、鼻常揉、眼常动、齿常叩、足常擦、肢常伸”，“淡化金钱、淡化过去、淡化年龄、淡化疾病”。2003 年，她平静地去世，享年 100 岁。

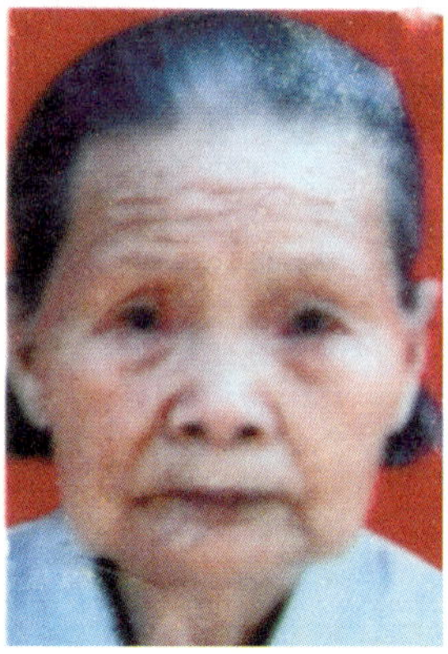

陈美荣

陈美荣，女，1914 年 12 月 21 日出生于老鸦陈人民公社 1 户农民家庭，兄弟姐妹 8 个，她排行老六。艰难的家境养成了她一生勤劳、简朴的美德。她 1932 年嫁到陈砦孙家，养育一双儿女，在陈砦生活了一辈子。人民公社时期，她是个关心、热爱集体的好社员。老人家养生有道，一辈子“为人宽厚，心地善良；从不闲着，忙中取乐；饮食清淡，食不过饱；早睡早起，生活规律；从容不迫 ，遇事不躁；自寻乐趣，不为琐事烦心；心平气和，从不动怒”。 她常说“改革开放有福了，天天像过年，如今五世同堂乐呵呵、天伦之乐暖心窝；天长地久慢慢过、真是越活越快活”。她的儿子孙世忠说：“母亲所以能长寿，主要得益于她一辈子气儿顺。”老人家于 2015 年 3 月 29 日去世，享年 102 岁。

◉ 乡村政事

中共陈砦总支委员会

组织沿革 1948 年 10 月 22 日郑州解放，同时中共郑县二区（杨槐）委员会成立。12 月，上级派工作人员进驻陈砦、东史赵。翌年春，为了新党员的安全，党组织采取秘密发展党员的办法发展村民赵丙申、陈自立加入中国共产党。1950 年，中共陈砦红光农业生产合作社支部委员会成立，赵丙申任党支部书记。1958 年，陈砦属北郊人民公社（老鸦陈，后分为老鸦陈人民公社、庙李人民公社）。陈砦是生产大队，成立中共陈砦生产大队支部委员会。1983 年，陈砦大队改为陈砦村，陈砦大队党支部随之更名为中共陈砦村支部委员会。2005 年，陈砦村党员较多，为方便管理，经中共庙李镇党委批准，中共陈砦支部升为中共陈砦总支委员会。至 2015 年，中共陈砦党组织有赵丙申、张俊卿、赵文义、赵承义、赵丙午、孙秀梅、陈自勤、宋书保、侯翠玲历任支部书记，宋书保、赵恭、陈战军三任总支书记。

党务纪要 中华人民共和国成立初期，村党支部组建农会实行土地改革，带领农民走合作化道路发展农业生产。中共十一届三中全会后，村党支部认真贯彻落实党的基本路线，大力发展社队企业（后称乡镇企业），村民生活水平不断提高。20 世纪 80 年代开展“五讲四美三热爱”“道德规范进万家”活动，90年代成立精神文明建设领导小组，先后荣获区级、市级、省级文明村称号。2000年被中共河南省委组织部授予“五好党支部”称号。中共陈砦总支委员会成立以来高度重视党的组织建设，设4个党支部，2015年有党员400人，占全村人口的10.66%，较1995年增加340人。同时，陈砦党总支坚持以中共十八大精神为指导，注重加强党员党性和思想作风教育，充分发挥党总支的战斗堡垒作用，曾多次被中共郑州市委、中共金水区委评为“先进党总支部”“先进基层党组织”。

陈砦村民委员会

机构沿革 1948年10月至1950年1月，陈砦、东史赵两个自然村为一行政村，村长赵贻赠。1950年1月至1952年，陈砦成立农民协会，简称农会，农会主席赵遂妞、赵丙申。1951年，陈砦、东史赵成立30多个农业互助组，其中形式较大又办得好的有7个，组长分别为赵文义、赵承义、陈敬贤、赵牛牛、陈春妞、陈双喜、李水成。1952年，赵文义将村里7个互助组联合起来，率先成立了郑州北郊第一个初级农业生产合作社，赵文义为社长。1954年7月，赵文义又组织陈砦、东史赵两个村的6个初级农业社、10余个互助组204户单干户，联合周边的柳林、姜砦、白庙、大铺、小铺等17个自然村，成立郑州北郊第一个高级农业生产合作社——柳林乡红光第一农业生产合作社，并当选为社长。1958—1983年，陈砦大队革命委员会主任赵承义，大队长赵承义、海智林、陈自勤。1983年，人民公社解体以后，恢复到原来的“村”体制。至1992年，村主任赵保文、陈自文；1992—2015年，村主任陈扎根、陈来运、陈根国。

陈砦村领导在研究工作

村务纪要 中华人民共和国成立初期，农会、农业生产合作社、生产大队领导农民走集体合作、共同致富的道路。1978 年后，陈砦大队实行家庭联产承包责任制，调动了广大农民的积极性，粮食、蔬菜产量大增，社队企业蓬勃发展。1989 年，被河南省建设厅命名为“中州新村”。1994 年被郑州市评为“小康村”。1996 年后，村集体建有陈砦蔬菜批发市场和郑州陈砦花卉交易市场，带动经济超前发展，村民生活水平显著提高。进入 21 世纪，村委会加大优化环境力度，积极开展招商引资，吸引众多高端企业入驻，助推村域商贸服务业迅速崛起。2006年，村委会投入大量资金整修街巷多条道路、增容变压器、安装监控探头，全力保障村民用水、用电、出行和生命财产安全，使老百姓安居乐业，被中共河南省委、省政府命名为“省级文明村”。2015 年，村集体经济收入 7144.15 万元，村民人均年收入 18.85 万元，各项社会事业全面进步，村域经济发展势头良好。

陈砦村监督委员会

2010 年，根据《中华人民共和国村民委员会组织法》第三十二条规定，陈砦村成立监督委员会，负责民主理财，监督村务公开等制度的落实，其成员由村民会议或者村民代表会议在村民中推选产生。首任监委会主任宋书合，委员陈玉亮、赵彦增。几个人当选后连任至今。

监督内容 主要是村务决策、村务公开、村工程建设项目的监督、村级集体“三资”管理等的监督，并按照程序确定发展项目，调查核实，及时公布监督结果。

监督纪要 陈砦村监督委员会成立后，村里各项工作增加了透明度，实行公示制度，坚持党务公开、政务公开、财务公开等。2011 年，经“四议两公开”工作法将郑州海洋馆东、郑州市公共交通总公司二公司西的土地与郑州丹尼斯百货有限公司达成合作开发合同，26 万平方米的商业房归陈砦所有，每年为村里带来 1000 多万元的收入。2012 年，组织人员对陈砦蔬菜批发市场招标出租，将市场租金由 511 万元提高到 1900 万元。2013 年，签订了 12.8 万平方米的福利房协议，显著提高了村民的居住环境和生活质量。2014 年，经“四议两公开”工作法决定对村里损坏严重的 1.3 万平方米道路进行施工修复。

群团组织

共青团 中华人民共和国成立初期，陈砦在组织剿匪反霸、土地改革中，积极贯彻、执行党的政策，组织成立村剧团、宣传队、秧歌队、腰鼓队等，涌现出一批优秀青年，他们被发展成为中国共产主义青年团团员。农业合作化时期，共青团支部领导青年积极

陈砦村庆“三八”妇女节文艺演出

入社，并组织青年突击队，参加集体劳动，粮食增产有他们的功绩。在陈砦村自行车配件厂里，青年积极分子干一行爱一行，对技术精益求精，被区、乡（镇）评为先进工作者。20 世纪 80 年代后，陈砦村共青团带领广大青年认真贯彻执行党的方针、路线，积极参与村里各项改革，率先大力发展经济，涌现一大批先进模范，为党组织的发展壮大注入了新的活力。

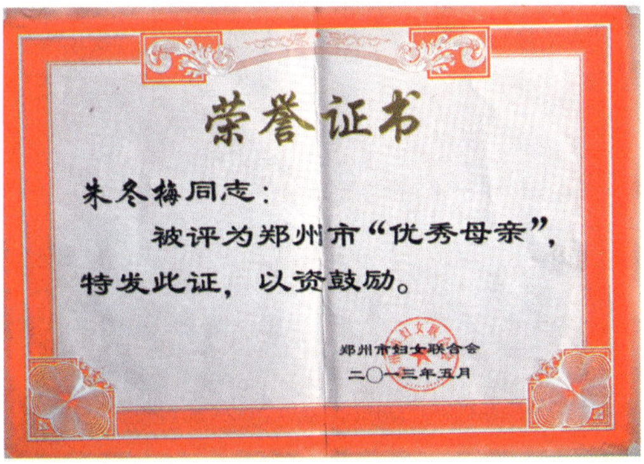

朱冬梅的“优秀母亲”证书

妇代会 中华人民共和国成立后，为了解放妇女，提高妇女的地位，在上级妇联和村党支部领导下，村里成立了妇代会。历届妇代会认真贯彻、执行党的方针、政策，使全村妇女自觉遵守法律、法规；宣传、执行生育政策；健全计划生育队伍、制度，组织妇女健康检查，对外来流动人口登记、入册，保证优生优育，保障本村妇女、儿童的合法权益；每年组织迎“三八”妇女节、“六一”儿童节庆祝活动。2004 年，妇代会积极开展“文明家庭”“文明市民”活动，村里评出了镇乡“好婆婆”、“好媳妇”、“好儿子”、卫生文明户等。

朱冬梅家庭的“美丽家庭”证书

2005年，启动“文明进万家活动”，年底有90户被评为“文明农户”。2009年2月，村妇代会举办一年一度的农民运动会，选拔出参加庙李镇运动会人员，并荣获镇运动会“团体一等奖”。2013年，朱冬梅被郑州市妇联评为“优秀母亲”；后朱冬梅家庭被郑州市妇联、郑州市文明办、郑州市环境保护局、郑州晚报社、郑州电视台评为郑州市“美丽家庭”。

红白理事会 为了规范村里红白事事宜，倡导勤俭节约，传播正能量，1996年村两委研究决定成立红白理事会。该会依据《陈砦村民自治章程》经村民民主推选产生。理事会成员：会长陈自谦，副会长赵保文，理事陈小三、赵明玉、陈十斤、赵进保、蓝中兴。理事会树立为村民服务的意识，督促办理红白事的家庭遵守陈砦村的有关规定，节俭、文明办事。同时，村委会投资购买全套灶具、桌凳等，并制定管理办法，由理事会管理。

社区建设

中华人民共和国成立前，陈砦村域仅有几条街道、小胡同，通往村外的道路，均为土质路面，村民出行很是不便。村民生活用水主要来源于村中的6眼水井。水利、电力、学校、商店、园林等设施几乎一片空白。

中华人民共和国成立后，陈砦村先后投资修建道路，并硬化、美化路面，修建相应的地下排水设施。郑州市在陈砦村域修建文化路等主次干道、水科路桥等桥梁、东风渠滨河公园等公园使村域各项设施逐步完善。多家房地产企业到此开发建设多个特色花园小区，多家商场、超市到此落户，郑州市公安局金水公安分局庙李派出所在陈砦设立警务区，使村域各项硬件设施、服务机构逐步完善，陈砦村由一个普通的农业村落逐渐演变为繁华的城市社区。

2015年年底，陈砦村内有南一街、南二街等街巷，拥有完善的水利、电力设施。陈砦村域有文化路、国基路、北环路、博颂路、文劳路、渠东路等多条道路，建成11个居民社区，多家商场、超市入驻陈砦。华北水利水电大学、河南财经政法大学、郑州市第四十七中学（分校）、文化路第三小学等学校，以及河南煤炭总医院等医院坐落在村域内。此外，陈砦村在精神文明建设方面也成绩斐然，先后被评为区级文明村、市级文明村、省级文明村。

春花秋月夏清凉，碧杜红蘅缥缈香。
歌扇东风渠畔舞，文明陈砦小天堂。
——艾昆玉

◉ 社区规划

设置标准　根据《中华人民共和国村民委员会组织法》《中华人民共和国城市居民委员会组织法》，陈砦村域内设有陈砦村民委员会和社区居民委员会。特别是社区居民委员会，是发展基层民主、改善民生的有效载体，是坚持依靠群众、推进工作落实的重要途径。随着经济发展方式的转变和改革开放的不断深入，社区成为社会管理的重心、改善民生的依托和维护稳定的根基。

按照河南省、郑州市要求在社区规划中坚持有利于服务管理、有利于居民自治、有利于资源整合的原则，根据社区地域范围和人口密度等情况，合理确定社区规模：一是社区居委会管辖范围一般在 3000 户、1 万人左右；二是新建住宅区，居民入户率达 50% 以上者应及时成立社区居委会；三是社区办公用房在 500 ~ 600 平方米之间，各项服务设施齐全，实现社区管理、社区服务、社区自治三者有效衔接，提高社区自治和服务功能，促进社会和谐稳定。由于陈砦村域面积大，被征土地情况复杂，社区形式多样。

社区分布　2015 年，陈砦村 4.2 平方千米的区域内，除陈砦村民委员会外，共建有社区居委会 11 个，其中村域内丰庆路街道管辖的有水晶城社区、北晨社区、中方园社区、呈祥社区，跨村域的有北林路街道管辖的汇城社区、院校社区、华北水利水电大学社区，东风路街道管辖的有文北社区、园田社区、绿城社区，国基路街道管辖的金印阳光社区。

社区选介

中方园社区 南邻北三环快速路，东靠中方园路，西依丰庆路，北临王寨路，由国家重点安居工程中方园小区组成，占地 700 余亩，建筑面积 80 万平方米，是郑州市较早设立的社区之一。社区共分东西两区，建有楼房 99 栋，入住居民 5700 户，2 万多人，另有暂住人口约 2 万人。29 路、83 路、209 路等多条公交线路直达小区，郑州陈砦花卉交易市场、中原汽车交易中心、郑州市第四十七中学（分校）与郑州海洋馆等多家单位呈放射状辐射周边。社区内环境优美，道路宽畅，各类公共基础设施齐全，并有幼儿园、小学、诊所、邮政服务中心、超市、银行等多家便民服务机构。2007 年，社区建成总面积为 400 平方米的公共用房，设立图书阅览室、文化活动室、市民学校、党员活动室、支部办公室、居委会办公室、计生社保办公室、民调室等。2010 年以来，中方园社区大力推进社区和谐稳定建设，取得显著成效。先后被授予金水区“和谐社区”，郑州市“工会建设先进社区”“文化活动示范社区”等荣誉称号。

北晨社区 成立于 2005 年，辖北晨颐商苑、北晨 E 生活、宏远小区、舒馨花园、油泵油嘴厂家属院、公交总公司家属院、应天公寓、四十七中家属院、航天公寓 9 个住宅小区，占地面积 599 余亩，开发房屋 2800 套，入住居民近 3 万人，另有企事业工作人员 1 万余人。辖区有思念工业园、公交二公司、油泵油嘴厂、航天大厦、家乐福超市，其中航天大厦为商务楼，占地面积约 20 亩，楼高 21 层。

基础设施

道路桥梁

村庄街巷 中华人民共和国成立前，陈砦村内的街道、小胡同，均为土质路面，且没人管理。晴天时，路上凹凸不平；刮风时，道路上尘土飞扬；雨天时，路面更是泥泞不堪，一路走完，鞋上沾满泥巴。1979 年，郑州市郊区老鸦陈人民公社投资硬化陈砦村南一街路面 1 千米。1995 年，陈砦村开始投资硬化村中的大街小巷，并相应地修建地下

村内道路

排水设施等配套工程。到2000年，陈砦村的大街小巷全部得到硬化、美化。2015年年底，陈砦村内有南一街、南二街、中街、北二街、北一街5条东西方向的街道，还有4条南北方向的街巷。9条道路全部得到硬化、美化、亮化。

城区主次干道 中华人民共和国成立后，陈砦村域修建的道路越来越多。郑州市的城区主次干道文化路、花园路、信息学院路、园田路、中方园路、文劳路、北三环快速路、国基路、渠东路等，构成村域内纵横交错的交通网络。陈砦一带变得四通八达，成为郑州市道路交通网中最为密集的地区之一。

文化路修筑于1954年，南起金水路，北至河南省实验中学家属院南围墙，长3500米。因路两端规划有省直科研机构、大专院校、影院、展览馆、书店、中小学校等文化单位，1955年郑州市建委标注“文化路”上报国家建委，1956年国家建委批准正式命名为文化路。2001年陈砦村党支部、村委会积极支持文化路向北延伸的规划，提前做通村民的拆迁工作，把涉及文化路延伸时需拆迁的47户村民先行完成安置，自行给予村民拆迁补偿580多万元，为文化路向北延伸做好了准备。2003年文化路向北延伸时顺利从陈砦村通过，向北直到东赵村（现郑州市惠济区毛庄街道辖区）。

国基路位于陈砦村北部。20世纪90年代末期，陈砦村党支部、村委会为了发展经济、优化投资环境，自筹资金建成东至沙门村、西至庙李村长2千米的道路。因路北正在兴建郑州海洋馆，陈砦村民便称此路为海洋路。2000年，郑州市政部门投资把海洋路向东、西两端延伸后建成一条郑州北部的重要道路，并命名为国基路。国基路建成通

文化路（陈砦段）

车后，路边的郑州陈砦花卉交易市场、郑州海洋馆等受益良多。附近随之建起众多的宾馆、饭店，使原先相对落后的陈砦村北部一跃成为繁华地段。

北三环快速路位于陈砦村南部。1991 年北三环路开始建设，从陈砦村 800 亩菜田中间穿过，需征用陈砦村 108 亩菜田。此地段是陈砦村保护性蔬菜种植基地，征地不仅大幅度降低村民收入，所建的暖房和蔬菜大棚也将化为乌有。陈砦村委会为支持国家基础建设，提出“征地不提条件，施工不设障碍”，协调村民积极配合，使北三环路的修建顺利进行。2012 年 7 月，郑州市在原北三环路的基础上，修建北三环快速路，包括高架和地面两个系统，高架侧重快速通过，适合市民点对点的出行，地面道路则承担短距离运输。2014 年 4 月 30 日，北三环快速路建成通车，陈砦村段建有北三环文化路立交桥。

桥梁建设　以前，陈砦村有泥河、水沟等小河经过。因为河面窄、河水浅，加之村民生活贫困没有资金建桥。出行时，常常需要蹚水过河。

中华人民共和国成立后，东风渠把陈砦村分为东西两个部分，为方便行人通过，东风渠上建有桥梁。为保证文化路的畅通，文化路上建有文化路桥（后被拆除）。2012 年修建北三环快速路时，在陈砦村南修建有北三环文化路立交桥等。截至 2015 年年底，陈砦村域共有桥梁 6 座，分别为东风渠陈砦段的北环路桥、陈砦桥、水科路桥、国基路桥，北三环快速路上的北三环文化路立交桥、中方园路过街天桥。

水科路桥位于陈砦村东部。1960 年东风渠建成后，陈砦大队为了方便社员到渠东农田耕种，建起一座木桥，供行人、架子车通过。多年后，木桥逐渐破损，成为危桥。陈

东风渠上的国基路桥

北三环文化路立交桥

砦大队便拆掉木桥建起一座水泥桥，桥墩为水泥墩，桥上铺设钢筋水泥预制板，除行人、架子车之外，拖拉机、收割机等大型机械也可通过，成为连接陈砦村东西的重要桥梁。2000 年前后，桥东修建水科路，此桥得到改建，被命名为“水科路桥”。改建后的桥体更加坚固，承重量大增，可以同时通过多部大型车辆。

北三环文化路立交桥位于陈砦村南部。2012 年 7 月，郑州市在原北三环路的基础上，修建北三环快速路。在陈砦村南部的北三环快速路与文化路交会处修建文化路立交桥，并在北环路北的文化路上设置文化路下桥口。2014 年 4 月 30 日，北三环快速路建成通车，陈砦村民通过文化路下桥口可上桥、下桥通行。

水电设施

供水 唐宋时期，陈砦村民生活用水主要是从土井（即在低洼处挖的深坑）中提取，水很不卫生。明清时期，陈砦村民开始在平地上挖深井。挖至有泉水处，用砖把井筒圈起来，井口高出地面 1 ~ 2 尺（33.33 ~ 66.67 厘米），砌上井台，这样的井水较为卫生。民国时期，陈砦自然村有 4 眼水井，东史赵自然村有 2 眼水井，基本可以满足村民的生活用水。挑水时每家一根钩担、两个水桶，从井上打水，担回家倒进水缸内备用。

中华人民共和国成立后，除了日常生活用水外，陈砦村民还打井用于农业生产。1956 年，为了灌溉农田，陈砦掀起打井高潮，民众纷纷参与挖井。至 1958 年，村内农田中有灌溉水井 40 多眼，为陈砦大队粮食、蔬菜的高产、稳产奠定了基础。

改革开放后，有些水井因年久报废，部分社员家里开始使用压井取水，压井水更加卫生，并且取水方便。为了进一步改变社员用水条件，保证社员有长期、稳定的水源，陈砦大队开始筹划打深水机井。1982 年，陈砦大队第二生产队率先投资打深水井、建水塔，以彻底解决吃水问题。此后，陈砦大队各生产队纷纷效仿，打了多眼机井，社员开始饮用地面 300 米以下的井水。因地下水源充足、水质好，社员开始告别压井水，逐渐用上来自地下深层的井水。1990 年左右，陈砦村委会投资铺设供水管道，使村民全部用上自来水，彻底告别人工取水的历史。随着陈砦村兴办企业的增多、外来人口的增加，生活、生产用水量猛增，一度出现用水困难的局面。1995 年，陈砦村投资打出数百米的深水井。1997 年开始，陈砦村投资兴建 3 座 300 立方米的水塔。同时改造、更换部分供水管道，更新 800 块水表，基本解决村民、企业的用水问题。

陈砦村域的水塔

2003 年，陈砦村民委员会委托郑州兴豫地质工程有限公司在村内打水井一眼。该公司使用红星 -600 型水源钻机施工。2 月 14 日正式开钻，3 月 1 日终孔，3 月 2 日物探测井，3 月 7 日成井，3 月 10 日抽水试验结束。该井钻探深 672 米，经测试各项技术指标均满足合同要求。

2003 年 3 月郑州兴豫地质工程有限公司施工的陈砦机井含水层情况表

表 10

序号	埋深（米）	厚度（米）	岩性
1	334 ~ 344	10.0	中砂
2	362.7 ~ 375	12.3	中砂
3	388.2 ~ 397.7	9.5	细砂

续表 10

序号	埋深（米）	厚度（米）	岩性
4	407.7 ~ 412	4.3	中砂
5	436 ~ 445.5	9.5	中砂
6	455 ~ 463	8.0	中砂
7	463 ~ 479.5	16.5	细砂
8	479.5 ~ 492	12.5	中细砂
9	497 ~ 508	11.0	中砂
10	526.5 ~ 547	20.5	中细砂
11	564 ~ 570	6.0	细砂
12	576 ~ 580	4.0	中砂
13	595.2 ~ 604	8.8	细砂局部胶结
14	619.5 ~ 636.2	16.7	细砂
15	652 ~ 655	3.0	中砂
16	662 ~ 667.5	5.5	细砂

2010 年以来，随着陈砦经济的发展，外来人口猛增。陈砦村继续加大饮水工程建设，村内机井、无塔供水设施、自来水管道等逐年增多，功能日益完善，布局更加合理，可以很好地满足村民、外来人口的生活用水，以及村域众多企业的生产用水需求。截至 2015 年年底，陈砦村累计打机井 13 眼，为居民、企业提供充足、稳定的水源。

供电 中华人民共和国成立前，陈砦村没有电力设施，村民用油灯、蜡烛照明，生产劳动全部为手工操作。夜里唱戏时，戏台用两盏外形像乌龟的大灯（俗称鳖灯）照明。

1957 年，在冶金工业部下放干部的技术支持下，陈砦村开始发展电力。用村中的树木做成木质电线杆，架通电线，从此村民开始用上电灯、电磨、电碾、电动榨油机等。村民赵牛妞（抗日战争时期为中国远征军通讯兵）为村里的第一位电工，负责村里的电力管理。1961 年 10 月，陈砦大队进一步完善电力设施，投资安装 30 千伏安的小型变压器。有了电，村民的生活发生很大变化，接着农田灌溉、农作物脱粒等生产活动也用上了电。社员陈东来被陈砦大队派送到郑州电力学校学习培训，成为陈砦的第二位电工。社员家的电灯多是 10 瓦，每年每个灯泡用电 10 千瓦时左右，电费按每千瓦时 0.1 元收取。1965 年，陈砦大队 30 千伏安的变压器增容至 50 千伏安。1973 年，陈砦街道两边

陈砦村内的变压器

开始安装路灯，因水泥电线杆费用高，仍用木质电线杆，首批安装 10 多个照明路灯，陈砦夜里也能像城区一样明亮。此举使陈砦成为郑州市农村中最早安装照明路灯的地区之一。

中共十一届三中全会后，随着陈砦村域经济的快速发展，村民生活水平不断提高，陈砦村域内生产、生活用电量大幅度提高，陈砦大队原来 50 千伏安的变压器已不能满足需要，只得淘汰。陈砦大队临时借用 1 台 180 千伏安的变压器。1984 年，陈砦村购置 1 台 200 千伏安的变压器，基本可以满足需要。因用电量大，管理任务繁重，陈砦村成立电工班，由陈东来及其徒弟赵书文、蓝国增组成。

2000 年以来，随着陈砦村办集体企业的增加，以及外来人口的大量进入，用电量猛增，陈砦村的变压器数量不断增加。至 2015 年年底，陈砦村变压器达 150 余台，可以很好地满足企业、村民和外来人口的电力需求。

园林绿地

东风渠滨河公园 改革开放后，郑州市政府为了美化环境，提高人均绿地面积，开始大规模修建园林、绿地。2000 年前后，郑州市人民政府对东风渠进行清淤、改造和绿化。2002 年，兴建东风渠滨河公园，2006 年建成并向市民开放。

东风渠滨河公园分布在东风渠两岸，呈带状沿渠道两岸延伸。公园内种植了大量的花草树木。漫步其中可见到鲜花绿草交相辉映，林荫小道蜿蜒曲折，为郑州市北部著名的休闲、游览地。东风渠在陈砦境内 2 千米，居住在东风渠滨河公园附近的陈砦村民经常来这里游览、健身，举办一些小型文娱活动。

东风渠滨河公园景色

学梓公园 位于陈砦村南部，原为1条排水沟。排水沟在陈砦村长1.5千米左右，水面宽约3米，一般水深2米多。1997年，市政部门为了美化环境，在排水沟上加盖水泥板，使其成为1条暗沟。

2010年前后，为了进一步美化环境，暗沟上面建成1公园，东西长1.5千米，南北平均宽40米。面积53720平方米，因公园周边有河南财经政法大学、中原工学院广播影视学院、河南省工业学校等多所大中专院校，公园被命名为学梓公园。公园内栽种有很多花草树木，设有多个人造景点、健身设施，突出文化、运动特色。公园周边居民和附近学校的大学生常到此游玩、健身。

文化公园 位于陈砦村南部、文化路东侧，占地近8万平方米，为郑州市区北部最大的公园。因公园紧邻文化路，加之附近有河南财经政法大学、中原工学院广播影视学院等高校，文化氛围浓厚，故名文化公园。

学梓公园景色（一）

学梓公园景色（二）

文化公园一角（一）

文化公园一角（二）

公园采用现代化设计手法，自然式布局，以大面积绿化为基础，集生态、休闲、健身、娱乐为一体，形成鲜明的文化休闲特色。内有文化之光、星光步道、秋实秋韵、紫藤流香、镜湖春色、秀木繁荫、疏廊花影、音乐广场 8 个主要景点。园内绿地、广场、树木较多，成为陈砦村民及周边师生游玩的好去处。

◉ 社区服务

陈砦村域经济繁荣，人口众多，建有 10 余个社区。为了更好地服务广大社区居民，陈砦村域内建有文体活动中心、各类学校、大型商场、超市等，为居民的生活、学习、就业、购物等提供了便利。

陈砦文体活动中心　民国时期，陈砦村民因生活贫困，根本没有财力修建文化设施。偶尔举办文化活动全是临时找块场地，露天表演，遇到雨雪天气，定好的日子也不得不更改。

中华人民共和国成立后，陈砦村民生活水平逐步提高。人民公社时期，陈砦大队建有广播室等小型文化场所。改革开放后，随着陈砦村集体经济的发展壮大，文化建设受到村领导的重视。为了丰富陈砦村民的文化生活，提高大家的文化修养，陈砦村党支部、村委会把文化设施建设纳入村集体建设规划，成立村党支部书记为组长、村委会主任为副组长的陈砦村文化工作领导小组，并确定 1 名村干部专门负责文化工作。

陈砦文体活动中心内部

2000 年，陈砦村投资 600 万元兴建陈砦文体活动中心，在这里，可以打篮球、打排球、滑旱冰、观看电影，是一个多功能的群众性活动中心，可容纳 3000 余人。投资额、场地规模均居郑州市各村前列。陈砦文体活动中心内的文化活动场所使用面积在 300 平方米以上，包括 20 平方米的图书室、30 平方米的阅览室、25 平方米的乒乓球室、25 平方米的棋牌休闲室、130 平方米的多功能教室等。室外活动场所有 500 平方米的篮球场，以及文化墙、文化橱窗等。陈砦村每年的文艺演出、运动会均在此举办。

随着文体活动中心的逐步完善，村民的业余文化活动开展得如火如荼，群众性文化队伍不断发展壮大，文体中心天天热闹非凡。时间久了，很多村民养成习惯，几乎每天必到，成为这里的常客。后来文体活动中心进行改建，活动场所全部集中到室内。设有图书室、阅览室，以及棋牌桌、健身器材、台球案、乒乓球案等，村民可到此根据自己的爱好，自由选择项目。因场地全部在室内，即使雨雪天气，村民也可以过来照常活动。

改建后的活动中心一角

学校　医院

陈砦村域内文化教育事业繁荣，学校较多。有百花幼儿园、中方园艺术幼儿园等5所幼儿园，有文化路第三小学等2所小学，有郑州市第四十七中学（分校）1所高中，有河南省工业学校1所中专，河南司法警官职业学院1所大专，并且有河南财经政法大学、华北水利水电大学、中原工学院广播影视学院3所大学。辖区适龄儿童入学率达100%，大学生占人口的比重在郑州市各村中名列前茅。同时，村域医疗卫生条件优越，有河南煤炭总医院、金水区总医院，还有村级卫生所及个体诊所70余家，为村域居民就医提供了方便。

华北水利水电大学　位于陈砦村域东部。学校前身为北京水利水电学院，曾三次搬迁，四易校址，先后在北京、岳城（位于河北磁县境内）、邯郸等地办学，历经北京水利水电学院、河北水利水电学院、华北水利水电学院等时期。2009年，水利部与河南省签署共建华北水利水电学院战略协议，由水利部与河南省人民政府共建，以河南省管理为主。由此成为河南省第三所省部共建院校，2013年4月更名华北水利水电大学。学校具有博士学位授予权，是河南省重点建设骨干高校、全国首批硕士学位授予高校、中西部高校基础能力建设工程高校、教育部第二批“卓越工程师教育培养计划”高校、河南省唯一具有硕士研究生单独招考资格的高校和河南省唯一承担国家“少数民族高层次骨干人才计划”高校。

河南财经政法大学　位于陈砦村南部。1983年4月征用白庙村、陈砦村土地创建，原名河南财经学院，是一所综合性的院校。2010年3月，河南财经学院与河南省政法管理干部学院合并组建成河南财经政法大学，为河南省属公办全日制普通高等学校，是河南省重点支持建设的骨干高校之一，是河南省博士学位授予权立项建设单位。

河南财经政法大学

中原工学院广播影视学院

中原工学院广播影视学院　位于陈砦村域内文化路 79 号。2001 年 6 月，经河南省人民政府批准建立，隶属河南省广播电影电视局。学院占地 84 亩，建筑面积 5.2 万余平方米，其中教学用房 1.3 万平方米、学生宿舍用房 1.7 万平方米、实验楼 2800 平方米、图书馆 2200 平方米、行政办公用房 3200 平方米。学院拥有价值 1500 多万元的教学实验、实习设备，图书馆有各类图书 31 万余册，影视音像资料万余册。学院有在职职工 218 人，其中专职教师 168 人，硕士及研究生以上学历的 22 人，副高级以上职称的 23 人，具有“双师”素质的 39 人。有全日制在校学生 3000 多人。开设有播音与主持、编导、空中乘务、新闻采编与制作、影视表演、电视节目制作、摄影摄像技术、动漫设计与制作、影视动画、影视广告、影视多媒体技术、广播电视技术等 18 个行业特色突出的专业。

河南省煤炭总医院　位于陈砦村域文化路 77 号。1982 年 7 月，经原中国煤炭工业部批准成立，占地 70 余亩。经过多年的发展，规模逐渐扩大。医院总建筑面积 3.6 万平方米，病房床位 400 余张，从业人员 300 余人，净资产 2517 万元。建有门诊楼、病房楼、医技楼、供应室、家属楼等，建筑面积 2.18 万平方米，拥有德国西门子 CT 机、日本阿洛卡彩超、全自动生化分析仪、动态心电监护仪等 40 多种医疗设备。医院设有急诊科、内科、骨科、儿科、外科、眼科、妇科、泌尿外科、碎石科、激光美容治疗中心、皮肤科、口腔科、耳鼻喉科、中医科、颈肩腰腿疼诊疗中心等 16 个临床科室，并有与临床工作相配套的影像科、检验科、理疗科等近 10 个医技科室。

河南省煤炭总医院

商场超市　陈砦村域商贸服务业极为发达，其中不乏国际国内知名品牌，是广大民众最佳消费处。主要大型商场、超市有永辉超市、家乐福超市，以及欧凯龙北环路家具馆、中原汽车交易中心、丹尼斯商场、国美电器连锁店等 10 多个商场，并且有大型宾馆、饭店 30 多家及各类店铺 2090 家。

家乐福超市（郑州北环路店）位于陈砦村域文化路与北环路交会处东北角，扼守郑州“北移东扩”的门户，交通非常便捷。该店营业面积 2.4 万平方米，为郑州单层面积最大的大卖场。其中购物中心面积 1.4 万平方米，是家乐福在中国面积较大的购物中心之一。该店与位于区域内的其他商业业态相互呼应，逐步形成新的北环商圈，有力地促进了郑州北区的房地产开发和人居环境的提升。秉承家乐福“超低价商品”的经营理念，该店经营生鲜熟食、袋装食品、日用百货、服装家电、文化书籍等 3 万

家乐福超市（郑州北环路店）

余种商品，同时引进肯德基、永和新一代、屈臣氏、福奈特干洗店、中联大药房等 50 余家品牌商品专卖店，是集大卖场、专卖店以及休闲、餐饮和娱乐为一体的大型综合卖场。

永辉超市（郑州北环路店）位于陈砦村域北三环快速路与文化路交会处附近的瀚海北金大厦地下一楼。该店于 2014 年 12 月 24 日开业，总面积 1 万多平方米，经营生鲜加工食品、日常用品、家用电器、电子产品和进口商品等 3 万多种商品，使消费者进入永辉就能购买到家庭日常所需的各类生活用品。此外，还吸引了数十家战略联盟品牌入驻，并且以物美价廉赢得了市场口碑，得到消费者的认可与支持。

欧凯龙北环路家具馆位于陈砦村域北环路与中方园路交会处路北西角，由欧凯龙家具广场有限公司兴建，2009 年 10 月开业。欧凯龙北环路家具馆是欧凯龙家具广场有限公司单店面积最大的店，总面积达 7 万平方米，单层面积 3.5 万平方米，挑高楼层达 4 米，空间休息观赏大厅达 3000 平方米，经营 200 余个知名家具品牌。

◉ 社区环境

宜居小区建设 陈砦村域交通便利，游购场所众多，是深受房地产开发商青睐的“宝地”。20 世纪 90 年代以来，先后进驻名声大、实力强的省市级房地产开发商 13 家，建设有江山名典、东润泰和、中海锦苑、瀚海泰苑、四季花城、天伦·水晶城、假日蓝湾、中鼎花园、北晨颐园、金晨嘉园、中方园、豫馨苑、金印北文雅宜居花园小区 13

东润泰和

中海锦苑

江山名典

瀚海泰苑

金晨嘉园

中方园

天伦·水晶城

四季花城

个，占用陈砦村土地 71.33 万平方米。

特色花园小区 陈砦村域内居民小区较多，每个小区都有各自不同的特色。有的小区内专门栽种有大片的树木、花草，使小区内四季有绿，四季花开。有的小区设有竹林、草坪，种植有多个品种的竹子，吸引绘画爱好者前来写生，一些普通群众也多慕名前来观赏竹子。有的小区建有多个长廊，设有各具特色的雕塑，以及健身设施，每天健身的居民络绎不绝。有的小区则建有大片的水池，内有喷泉，池边有小桥、凉亭、假山，给居民营造了舒适的居住环境。

◉ 社区治安

组织机构 中华人民共和国成立后，为确保社会稳定、经济发展和百姓安居乐业，陈砦村成立有治保会，陈保华、陈春德、陈连群、赵合圈、赵钢山、赵钢军、孟凡义、赵恭、陈雁鹏历任治保主任，主要负责村内的社会治安工作。2000 年，陈砦的外来人口逐渐增多，高达 3 余万人。人员来自全国各地，流动性强，给村内社会治安带来隐患。2005 年，针对陈砦村内流动人口多、管理困难的问题，郑州市公安局金水公安分局庙李派出所在陈砦设立警务室（后更名为警务区），办公地点开始时位于金水区渠东路与水科路交叉口建设局南侧，由郑州思念食品有限公司提供办公用房，面积有 100 多平方米。2007 年，警务区迁至陈砦村南一街路北村委会大院西楼一楼，总面积 2000 平方米，有民警办公室、监控中心、暂住人口登记站、讯问室、民调室、治安联防队办公室、会议室、民警宿舍、餐厅等，还配有 3 辆汽车、4 辆摩托车、7 台电脑。

治安防范措施

警务区成立以来，为加强防控基础工作，有效地打击犯罪，保障陈砦村的治安，相关警务人员多管齐下，制定多项措施，确保辖区平安。

加强技防建设 1. 建立现代化监控中心。陈砦村委会投资 115 万元，安装了一套覆盖陈砦村所有街道、出入口和重点部位的监控系统，并安装 96 个监控探头、19 画面大型电视屏幕墙和一个 84 寸超大显示屏，配备了先进的远程监控系统，可随时监控每一个动点监控探头。2. 推广“户式”监控设施。陈砦村委会积极筹措资金，在每户出租房屋安装了一套“户式”监控设施，一户一体，录像资料可保持 30 天，全村安装了 2400 多个监控探头，在防护中起了很好的作用。3. 扩大监控覆盖面。当警务区发现可疑人员常到网吧消磨时间时，及时督促各个网吧安装监控设施，力求不留死角。4. 推广智能门卡、门锁。为控制租房屋人员的进出，陈砦村每户房屋出租户均在大门上安装了智能磁卡门锁，所有人员进出必须刷卡，避免了无关人员的出入。

加强综合打击 1. 强化警力配备。由派出所领导兼任警务区警长，担负陈砦村及周边地区的安全防范、日常接处警和侦查破案工作。2. 强化警务保障。为提高出警速度，陈砦村为警务区专门配备了一辆帕拉丁警车和数辆摩托车，并尽最大努力加强警务区

东风路派出所陈砦警务区

陈砦警务区监控中心

陈砦警务区的车辆装备

整装出发的巡逻队

的后勤保障，为警务区开展工作提供了有力的支持。3. 加大打击犯罪力度。仅 2015 年就破获各类犯罪案件 158 起，逮捕犯罪嫌疑人 55 人，治安拘留 113 人，劳动教养 5 人，强制戒毒 4 人，收容 50 人，抓捕网上逃犯 3 人，打掉盗窃犯罪团伙 5 个。

加强巡逻防范　1. 增加巡防力量。警务区从保安公司聘用 7 名人员，组成 15 人的治安联防队，保证 24 小时不间断的巡逻。2. 增加巡防装备。由陈砦村委会出资，配备 4 辆巡逻摩托车、15 部对讲机，车巡与步巡相结合，效果更突出，大大提高了辖区群众的安全感。3. 加强科学管理。联防队由警务区统一管理，警务区根据陈砦发案特点，合理安排巡逻时间和巡逻区域，同时监控中心密切关注街道的情况，并时刻与联防队保持密切联系。联防队员注重加强对可疑人员的盘查。

加强流动人口管理　警务区提出“人口管理无缝隙”的工作要求，坚持“谁用工、谁负责，谁租房、谁负责，谁受益、谁负责”的原则，以出租房屋信息化管理为目标，以房管员有效管控为重点，以旅馆业治安管理为依托，以人数“管得准”、方法“管得活”、措施“管得严”、违规“管得住”为标准，大力推广“社会版”旅馆业治安管理信息系统的安装与使用，落实用工单位、经营业主、旅馆业的流动人口登记和信息采集责任，推行流动人口社会化管理。

◉ 精神文明建设

1951 年，陈砦村为了用社会主义新风尚教育村民，提高村民的思想觉悟，制定了《爱国公约》，对村民进行爱国主义和国际主义思想教育。1990 年，陈砦村党支部、村委会为了加强村域的精神文明建设，制定了《村规民约》，供村民学习。1995 年后，随着村域经济的跨越式发展，物质文明建设取得重大成绩。为了在抓好经济的同时，搞好村里的精神文明建设，陈砦村决定创建文明村。经过不懈努力，成效显著。1997 年，陈砦村向金水区申报文明村获得通过，被中共金水区委、区人民政府评为“区级文明村”。1999 年，申报市级文明村获得通过，被中共郑州市委、市人民政府评为“市级文明村”。此后，陈砦村继续努力，精神文明建设建设稳步推进。2006 年，陈砦村申报省级文明村获得通过，被评为“省级文明村”。

文明村建设

区级文明村 中共十一届三中全会后，随着陈砦村集体经济的快速发展，陈砦村的物质文明得到很大提升。为了抓好“两个文明”建设，陈砦村两委在抓好物质文明建设的同时，注重精神文明建设，村两委先投资兴建大型文体活动中心，接着成立由村党支部书记为组长、村委会主任为副组长的陈砦村精神文明工作领导小组。

陈砦村颁布村规民约，并要求村民严格遵守，争做文明村民。同时努力抓好村里的经济建设，提高村民收入，使陈砦村经济、社会得以健康协调发展，取得令人瞩目的成绩。陈砦村以“严格的科学管理，富裕的物质生活，优美的生存环境，高度的精神文明”的形象展示在人们面前。

1997 年，陈砦村向金水区申报文明村。经过严格的实地考察、验收，最终获得通过，陈砦村被中共金水区委、区人民政府评为“区级文明村”。

市级文明村 1998 年 2 月 6 日，为加快精神文明建设步伐，促进村经济建设和社会事业全面进步，经村两委研究，决定成立村精神文明建设领导小组。精神文明建设领导小组带领村民建立健全各项规章制度，进一步加快村域规划建设步伐，逐步改善村民居住环境，不断提高村民生活水平和福利待遇，积极稳妥地发展文化教育卫生事业，使陈砦村在各方面工作中都取得巨大的进步。1998 年，村集体企业实现总产值 9200 万元以上，利润 800 万元。人均收入 3680 元，发放村民人均生活费 2400 元、福利费 1200 元。村委会相继建起百花幼儿园、托老所、“卡拉 OK”活动室、图书阅览室、党员活动室、农民技术学校、农民文明学校、计划生育学校、有线电视广播室等。利用元旦、春节、妇女节、儿童节、建党节、建军节等节日，举办各种座谈会，组织各种文艺演出。使村里的物质文明建设、精神文明建设都跃上一个新台阶。

1999 年 1 月，陈砦村在条件成熟的前提下，正式向市委宣传部、市文明委提交《创建市级文明村的情况汇报》材料，申报市级文明村。是年，根据陈砦村上报的材料，经过认真审核、考察，陈砦村获得通过，被中共郑州市委、市人民政府评为“市级文明村”。

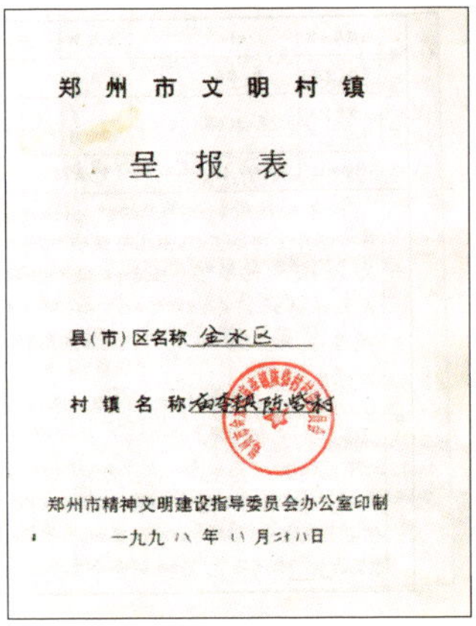

郑州市文明村镇

呈报表

县(市)区名称 金水区

村镇名称 庙李镇陈砦村

郑州市精神文明建设指导委员会办公室印制

一九九八年11月二十八日

市级文明村呈报表

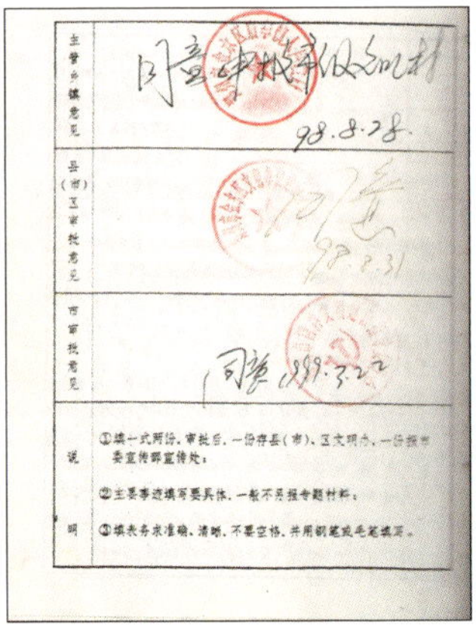

主管乡镇意见	同意申报市级文明村 98.8.28.
县(市)区审批意见	同意 98.8.31
市审批意见	同意 1999.3.22
说明	①填一式两份，审批后，一份存县(市)、区文明办，一份报市委宣传部宣传处； ②主要事迹填写要具体，一般不另报专题材料； ③填表务求准确、清晰、不要空格，并用钢笔或毛笔填写。

市级文明村批复

省级文明村 陈砦村被评为市级文明村后，干部、村民备受鼓舞。2000 年，为加快村精神文明建设步伐，丰富村民的文化生活，促进村域经济建设和社会全面进步，中共陈砦村支部委员会、村民委员会研究决定，将创建省级文明村列入议事日程，进一步强化陈砦村精神文明建设领导小组的领导。并制定加强精神文明建设的措施，开展各项创建工作。

为提高村民的思想道德水平，陈砦村开展“十星级文明户”“优秀党员”“好媳妇”“好婆婆”“五好村民”的评选活动。请老红军、老八路军到村里，对村民进行爱国主义、集体主义和社会主义教育。村干部也多次结合村里的好人好事对村民进行社会公德、职业道德和家庭美德教育。通过这些活动，使村民思想道德水平有了很大的提高，村内社会风气达到一个新水平。为了搞好村内文明创建活动，陈砦村把开展文化、体育、文艺等群众性的健身强体活动纳入村精神文明建设的重要议事日程。每周六在村文化大院举办一次戏迷乐园“自娱自乐”活动，每年在春节期间举行一次全村全民性的体育比赛。丰富村民的文化生活，提升村民的文明意识。同时，陈砦村开展村域美化活动，购置树木、花草，对全村进行统一规划，根据实际情况，能植树的地方植树，能种花的地方种花，使村庄各街道、小游园得到绿化、美化，处处花团锦簇、绿意盎然，使村庄环境大为改观。

2000 年 10 月，陈砦村按照省级文明村建设标准，成立陈砦村创建省级文明村领导小组。召开创建省级文明村动员大会，号召全体村民积极参加。2001 年年初，创建省级文明村领导小组编写《陈砦村创建省级文明村活动简报》，强化领导，加强责任制，以改变村容村貌。是年 4 月 5 日，陈砦村制定创建省级文明村具体措施，加大创建力度，围绕创建开展多项工作。

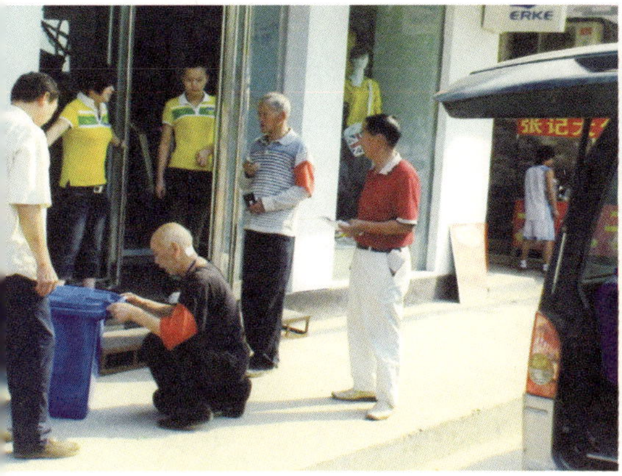

在街上设置垃圾桶

清扫路面

为了让创建省级文明村工作家喻户晓，进而让村民积极参与，营造全民创建的氛围，陈砦村设立高标准过街霓虹灯广告，制作宣传展板，发放知识手册，利用宣传车、村文明墙、广播等全方位、全覆盖地在村内宣传创建省级文明村政策、方法、意义等。使广大村民了解相关创建文明村的方针、政策，提高认识，并以主人翁的态度给予大力支持，参与度大增。为了彻底改变村庄的卫生环境，达到省级文明村的相关要求，陈砦村建立健全卫生管理制度，使之走上了制度化、法治化、规范化的轨道。组建多支专业的卫生队伍，做到落实人员、落实工具、落实责任，并统一登记造册。在队伍建设的基础上，狠抓村内道路清扫、垃圾清运和公厕管理工作。卫生队伍按照相关专业标准，对村庄道路做到一日二扫，全天保洁。此举使村庄昔日脏、乱、差时有发生的卫生状况得到根治，大街小巷达到时时、处处干净、整洁，置身其间，使人赏心悦目，仿佛置身城区。

此后，陈砦村每月把创建工作情况向中共河南省委宣传部、省文明委汇报，自觉接受指导、监督。经过努力，陈砦村的文明程度有了很大的提升，村内经济繁荣，村容村貌整洁，村民文明素质提升，助人为乐、热心公益蔚然成风。2006 年，陈砦村向中共河南省委宣传部、省文明委申报省级文明村，经过认真审核、实地考察，最终获得通过，被评为“省级文明村”。至此，陈砦村跃上省、市“双文明村”台阶。

村规民约　1951 年，陈砦村为了更好地教育村民，提高村民的思想觉悟，形成自我约束、互相监督的风尚，根据当时的形势，共同制定了《爱国公约》，对村民进行爱国主义和国际主义的思想教育。《爱国公约》的具体内容为：1. 拥护中国共产党，热爱毛主席；2. 努力生产，积极捐献，抗美援朝，保家卫国；3. 开展爱国卫生运动，除四害，讲卫生；

4. 艰苦奋斗，自力更生，勤俭持家；5. 坚决检举坏人坏事，镇压一切反革命分子。

“文化大革命”期间，陈砦大队一度出现社员之间分派系，领导班子不团结，个别人为一点小事挑起邻里矛盾、骂街等。改革开放后，陈砦村党支部经过研究，一致认为制定一部《村规民约》供村民学习是对其进行社会主义教育，抓好社会治安、综合治理的好办法，对提高村民的思想道德和科学文化素质，正确处理国家、集体、个人三者之间的关系，进一步维持发展安定团结的社会局面，促进农业发展具有重大的现实意义。

1990 年，陈砦党支部、村委会制定《村规民约》，打印成册后发给村民，并在村庄的醒目位置公布，供村民学习。《村规民约》的制定和实施，进一步规范了村民的行为，使村里的社会风气得到进一步好转。陈砦《村规民约》的具体内容为：1. 坚持社会主义道路，正确处理国家、集体、个人三者之间的利益关系；2. 热爱劳动，献身农业现代化事业；3. 勤劳致富，共同富裕；4. 学习科学文化知识，掌握现代农业技术，科学种田；5. 忠诚正直，严守信用；6. 勤俭节约，反对浪费；7. 团结互助，扶危济贫；8. 计划生育，移风易俗，讲究卫生，破除迷信，树立和发扬社会主义新思想、新风尚。

花卉产业

1998年，陈砦村大规模发展花卉产业，在村内建起郑州陈砦花卉交易市场。2000年被国家林业局、中国花卉协会授予“全国重点花卉市场”称号。2005年，为将花卉产业做大、做强，花卉市场搬迁到国基路。2010年，为适应国内国际花卉业发展新形势，陈砦将花卉产业进行升级，组建郑州陈砦花卉集团，以郑州陈砦花卉交易市场为核心、总部，辖有陈砦花卉观赏鱼商场、陈砦花卉双桥基地、陈砦花卉郑汴路店、陈砦花卉大学路店等交易平台。花卉产业得到大发展，营业面积达48.2万平方米，入驻商户4000余家，安排就业1.5万余人，年交易额突破20亿元，形成“买全国、卖全国”的产业集散格局，花卉营销辐射全国28个省区市，并与泰国、马来西亚、荷兰、比利时、法国等国家花卉产业组织建立合作关系。先后举办全国及省市花卉博览会、园艺资材展示会等会议20余次。

产业兴办

创建市场 1997年，陈砦村抓住郑州商贸城建设的大好机遇，在制定村里发展商业经济规划时，提出建设蔬菜、果品、水产、花卉4个市场项目。村民对发展花卉产业认识不一致，意见分歧较大，陈砦村先后组织两个小组分别到荷兰、意大利及云南、四川等地考察花卉产业，并聘请省市花卉专家进行论证及宣传教育，最后确定发展花卉项目。

郑州陈砦花卉交易市场东门

郑州陈砦花卉交易市场俯瞰图

1998 年，为发展花卉产业，陈砦村成立郑州陈砦园艺公司，并在北三环路北中方园路西，建立经营面积 2 万平方米的郑州陈砦花卉交易市场。同时，在原陈砦果园建占地 100 亩的高效农业科技园区：一是筹建郑州陈砦珍奇植物园，从荷兰引进红掌、百合；二是全套引进 1 万平方米的自动化温室。珍奇植物园带来的人气及满足市场的各种花卉，使陈砦花卉产业一点一点地发展起来。特别是红掌、百合出圃后，通过借市销售取得良好效益。当时，村民说“一亩园（种菜）顶十亩田（种粮），一亩花顶五亩园（种菜）”的效益，极大地带动了周边郊区花卉产业的发展。随着全国各地商户的入驻，市场经营出现一铺难求，日渐不能满足庞大的花卉从业者队伍；市场影响力的扩大带来客流量越来越大，市场的停车难题也显现出来。为解决上述难题，促进花卉产业做强、做大，市场管理方与村两委研究决定把市场从北环路原址整体搬迁至国基路原郑州陈砦珍奇植物园内。2000 年，被国家林业局、中国花卉协会联合授予“全国重点花卉市场”称号。

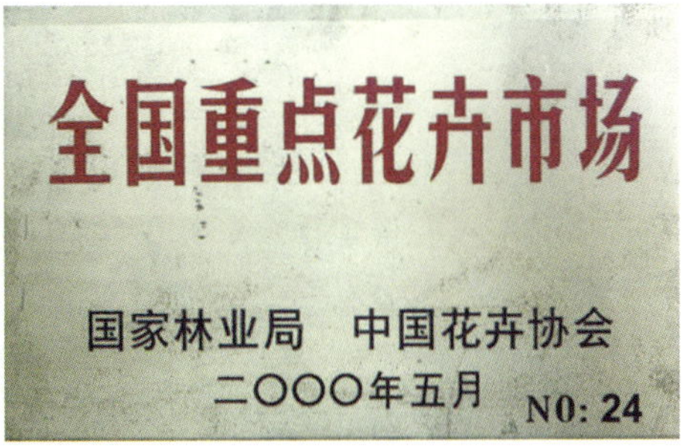

全国重点花卉市场牌匾

为适应花卉产业的发展，2005 年对市场进行升级改造，营业面积扩展至 8.2 万平方米，商铺增至 1000 多家，提供就业岗位 4000 余个，安排大批下岗职工、农村富余劳动力就业。在陈砦花卉产业的带动下，新乡、濮阳、开封、洛阳、南阳等地及郑州市近郊纷纷建立起花卉种植基地，有力地推动了农业产业结构的调整，增加了当地农民的收入。郑州陈砦花卉交易市场设有盆花区、鲜切花区、园林景观区、工艺品区、宠物区等。在盆花区、鲜切花区可观赏到全国乃至世界各地的花卉，如福建的杜鹃、水仙，浙江的茶花，广东的观叶植物，以及韩国的大花惠兰，荷兰的凤梨、郁金香，日本的樱花等。在园林景观区、工艺品区可欣赏各类根雕、艺雕、塑像、古玩、工艺品。在宠物区有小猫、小狗、小鸟等。

产业升级 2010 年，陈砦花卉产业呈现经营规模大、影响力强的局面。为使花卉产业向更大、更强方面发展，适应国内外花卉业新形势，陈砦确定“立足中原、放眼国际、打造中国花卉集散中心”和“连锁经营、复制发展”的战略发展目标，对陈砦花卉产业进行升级，改组成立郑州陈砦花卉集团。集团除以郑州陈砦花卉交易市场为核心、总部外，还辖陈砦花卉观赏鱼商场、陈砦花卉双桥基地、陈砦花卉郑汴路店、陈砦花卉大学路店四个贸易平台。

陈砦花卉观赏鱼商场始建于 1998 年，历经十几年的发展，商场建筑面积近两万平方米，拥有摊位 300 余个，商场经营品类涵盖整个水族产业，包括各类观赏鱼、鱼缸、水族箱、水族器材、渔具、水草造景等。经营品种仅观赏鱼就达 100 余种，是国内最大

陈砦花卉观赏鱼商场

陈砦花卉双桥基地

陈砦花卉郑汴路店

的水族行业专业商场之一。全国水族行业知名品牌如森森、闽江、睿美、可丽爱、蓝宝、7S、金海王、寸金等均在这里设有总代理，辐射河南、河北、山东、山西、陕西、湖北、湖南、甘肃、新疆、内蒙古等省区。

陈砦花卉双桥基地（以下简称双桥花卉基地）由郑州陈砦花卉交易市场投资兴建，位于惠济区江山路与开元路交叉口。双桥花卉基地占地 800 余亩，累计投资金额 5.6 亿元，建成连栋智能温室等面积达 20 多万平方米，鲜切花交易大厅及冷库 1.6 万平方米。2013 年，双桥花卉基地被河南省政府评为省重点建设项目先进单位，并被省、市、区列为农业产业化重点龙头企业。双桥花卉基地以各种盆花、鲜切花、花盆、园林资材、苗木及工艺品的批发为主，入驻商户 700 余家，交易商品种类万余种，各种绿植盆花年交易量达 1500 万株（盆），玫瑰、百合、叶材等各类鲜切花约 650 万支，辐射河南全省以及山东、山西、陕西、河北、安徽、甘肃、江苏等地，双桥花卉基地成为河南省花卉产业核心聚集区、中国中西部地区最大的花卉物流集散中心。

陈砦花卉郑汴路店于 2014 年 12 月开业，共有 4 层，营业面积达 5.5 万平方米，位于郑汴路与玉凤路交叉口南 200 米处。它的建立，标志着郑州陈砦花卉集团迈出了“连锁经营、复制发展”的第一步，是陈砦花卉集团精心打造的，以倡导“以花为媒，绿色生活”为宗旨，集购物、娱乐、观赏于一体的高端、专业、休闲商场，是陈砦花卉产业开启“花卉经营连锁”新模式的一大创举，改变了花卉零售经营的传统模式。

陈砦花卉大学路店

陈砦花卉大学路店于 2015 年 12 月正式营业。该店位于大学中路，紧邻陇海高架、京广快速路，面积 5.3 万平方米，业态分布遍布花鸟鱼虫和工艺品及相关产品，其品质内涵借助较为成熟的商业圈迅速提升。是继郑汴路店后的又一综合零售商场，是陈砦花卉产业"连锁经营、复制发展"理念的又一践行。

◉ 产业效益

陈砦花卉产品辐射全国 28 个省区市，并与荷兰、比利时、法国、德国、日本、韩国等国家的花卉产业组织建立了合作关系。市场营业面积由初建时的 2 万平方米扩大到 48.2 万平方米，入驻全国各地商户由最初的 50 家发展到 4000 余家，经营各种花卉等达万种以上。鲜切花有玫瑰、百合等 100 多个品种，年销售近 900 万支；盆花观花类、观叶类、苗木类等 800 多个品种，年销售 2350 万株。陈砦花卉产业形成"买全国、卖全国"的集散格局。

经济效益 陈砦花卉产业持续坚持实施"以花会友、实现双赢"及"推动美化环境，带动家庭园艺"重大举措，花卉等产品销售量和年营业额显著增长。2015 年比 1999 年盆

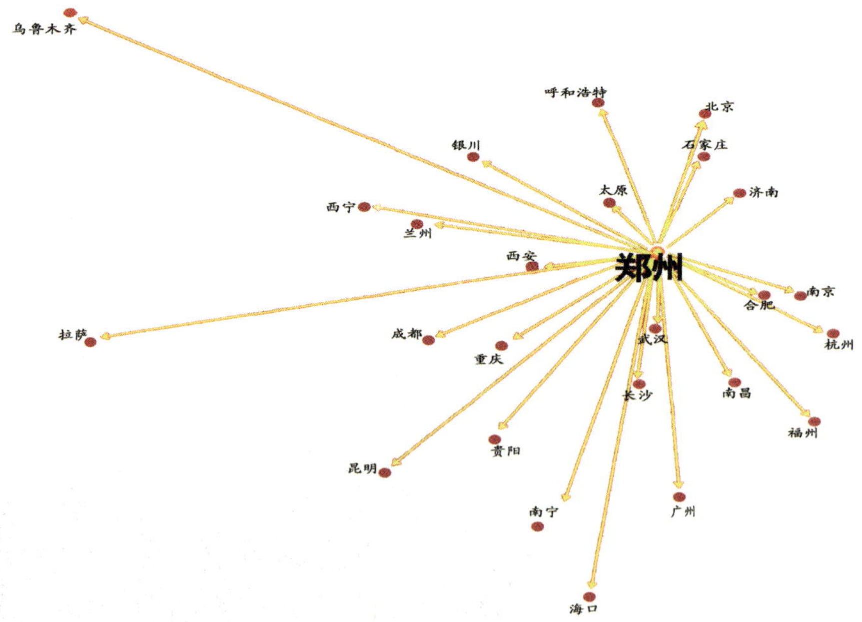

郑州陈砦花卉交易市场辐射示意图

花销量、切花销量相比分别增长 26.23 倍、22.18 倍，市场年营业额增长 48.49 倍。良好的经济效益，为吸引更多商户入驻和花卉产业进一步做大、做强奠定了物质基础。

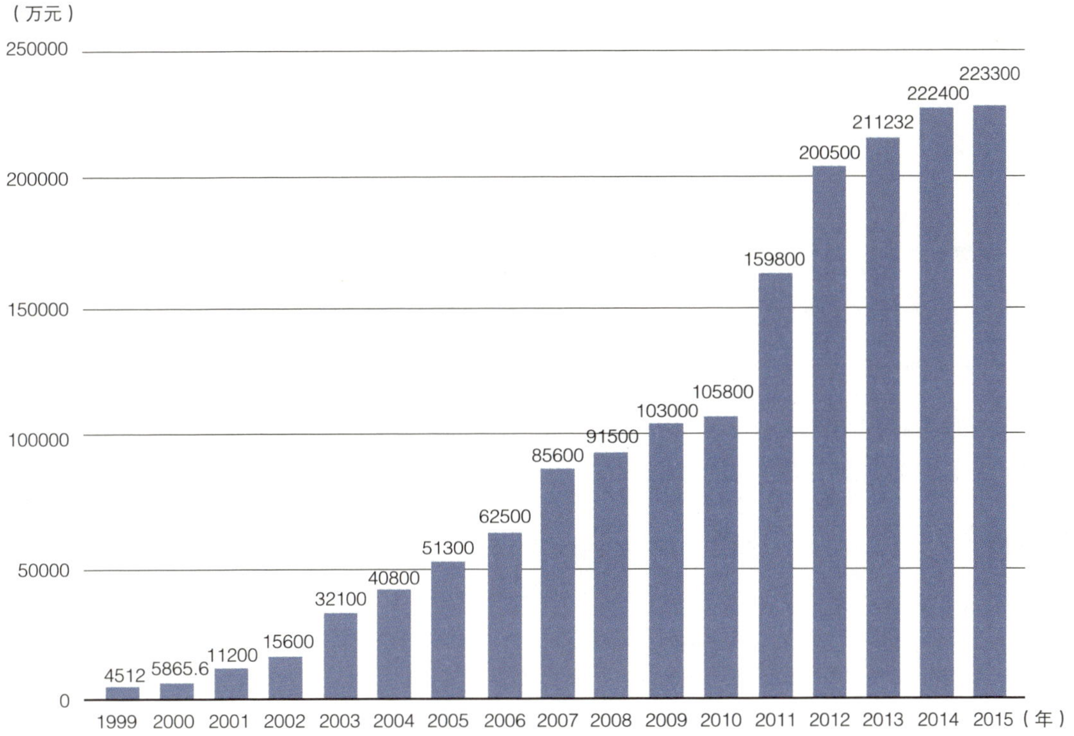

1999 —2015 年陈砦花卉集团年营业额柱状图

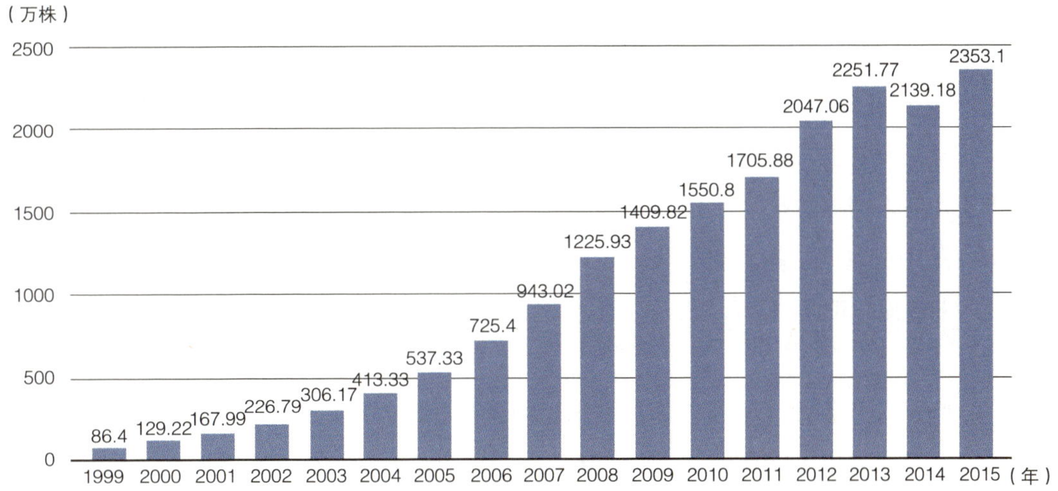

1999 —2015 年陈砦花卉集团盆花销量柱状图

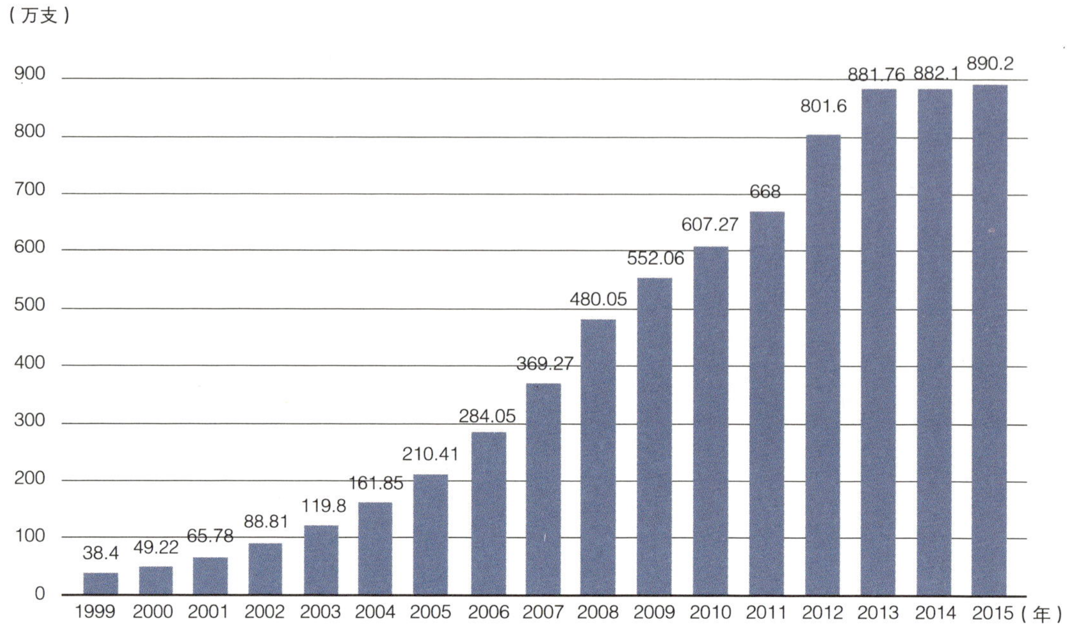

1999—2015 年陈砦花卉集团切花销量柱状图

社会效益 陈砦花卉产业以其独特的魅力，不但促进了花卉业、观光旅游业的发展，还带动了周边餐饮业、租赁业、物流业、仓储业及邮电通信业的发展。同时，花卉产业管理层采取市场带基地、基地带农户等措施，激发了周边地区农户从事花卉产业的积极性，促进了区域经济的快速发展，成为经济可持续发展的典范。特别是陈砦花卉双桥基地自开业以来，以其优越的环境、便利的交通、全方位的服务，吸引了来自全国各地的客商，众多南方花卉龙头企业、台资企业、大贸易商在此设立办事处。“建一方市场，富一方百姓”，陈砦花卉双桥基地的建设吸收农村剩余劳动力 3000 余人，培养各类花卉从业人员 5000 余人。同时，带动了餐饮、租赁、仓储、运输等第三产业的迅速发展，增加就业岗位 10000 余个。陈砦花卉双桥基地的建设不但带动了郑州市、河南省花卉苗木产业的迅速腾飞，也加快了惠济区打造现代都市型农业、建设河南省花卉产业集聚区的步伐，有效推动了本地区农业产业结构调整，产生了巨大的社会效益、生态效益。

陈砦花卉产业始终坚持“致富不忘思源，倾心回报社会”的理念。“非典”期间，花卉产业管理层和从业者联合向郑州市第五人民医院等战斗在一线的医生、护士送去鲜花 300 多束。汶川地震、玉树地震后，市场积极号召全体党员及商户向灾区捐款捐物，

市场员工捐款

共捐款 60 余万元支援灾区群众。此外还到许昌资助贫困家庭。2011 年，成立郑州市工商联花卉业商会帮助花卉种植农户发展经营，免费为农户提供最新的花卉行业信息。每逢妇女节、教师节、儿童节，陈砦花卉产业管理层都到辖区学校进行慰问，为教职工、学生送去鲜花以及教学、学习用品等。每年的七夕节、重阳节，都会给大型文艺活动无偿捐献鲜花，助力弘扬祖国传统文化。2012 年，在郑州市妇联、郑州市文明办、《郑州晚报》的大力支持下，成功举办了“家庭和谐月”活动，并与郑州市文明办、《郑州晚报》联合举办了“做文明市民、建和谐家园”万人签名活动，宣传和谐理念，构建和谐家庭，共建和谐社会。

◉ 产业交流

陈砦花卉产业在全国乃至国际上都具有一定的知名度。为了交流经验、加强合作，共同传播花卉文化，陈砦花卉产业管理层组织团队到国内及国际花卉业组织、单位考察学习 36 次，迎接全国各地及国际花卉考察团队 40 多个，先后举办全国及省市花卉博览会、花艺比赛、园艺资材展示会等 20 余次。

郑州市切花花艺比赛展览交易大会

举办活动

郑州市切花花艺比赛展览交易大会 2012年12月30日，郑州市切花花艺比赛展览交易大会在陈砦花卉双桥基地隆重举行。本次大会以“优美花姿、和谐生活”为主题，主要内容包括切花花艺比赛、展览交易及名师表演3个部分。大会吸引了来自河南省内及省外地区30余家切花、花材生产商参会展览以及44名花艺爱好者参与比赛，一同为大家打造了一场花艺视觉盛宴。

“陈砦花卉杯”第二十四届兰博会 2014年4月1日，“陈砦花卉杯”第二十四届兰博会在郑州绿博园举行。此次兰博会主题为“兰香绿城 美丽郑州”，为更好地展示中国兰文化，让中原父老一睹兰花的高雅和妩媚，此次兰博会同时展示国兰和洋兰。展会邀请了韩国、新加坡、马来西亚、泰国等国家及中国港澳台地区知名兰花企业100余家，

“陈砦花卉杯”第二十四届兰博会开幕式

参展代表超过1000名，各种参展兰花精品及兰艺作品3500余盆。

蝴蝶兰

郑州“陈砦花卉杯”组合盆栽技艺大赛 2015年1月17日，由郑州市农业农村工作委员会主办，郑州市花卉协会、郑州陈砦花卉交易市场、郑州市园艺工作站承办的2015郑州“陈砦花卉杯”组合盆栽技艺大赛在陈砦花卉郑汴路店举办。郑州市花卉苗木协会会长王林贺，郑州市农业农村工作委员会主任周亚民，郑州市政协副主席、郑州市农业农村工作委员会副主任、郑州市花卉协会秘书长李新有等到大赛现场指导工作。来自郑州市各花卉生产经营企业、花卉经销商，以及花店从业者共43人参加本次比赛，创作精彩作品90件。根据作品体量分为大型组、中型组和小型组3个组别，其中大型作品24件、中型作品28件、小型作品38件。

郑州“陈砦花卉杯”组合盆栽技艺大赛

中国温室园艺行业2015年年会 2015年11月12日，中国温室园艺行业2015年年会暨河南（郑州）首届花卉、园艺资材展示订货会在陈砦花卉双桥基地召开。此次会议由河南省花卉协会、郑州市花卉协会、中国温室网主办，由郑州陈砦花卉集团、北京华科润浓咨询有限公司承办。年会上，中国农业科学院及多省农业科学专家在黄河迎宾馆作专题论坛报告。同时，有来自全国29个省及12个国家和地区的近400家温室设施装备企业和花卉生产企业代表携国内外最先进的温室生产设备与最新的花卉品种参加展会。

中国（郑州）设施农业展览会、第五届花卉园艺展览会、中国（郑州）阳台园艺博览会三会联办 2016年10月28日至30日，2016中国（郑州）设施农业展览会、2016第五届花卉园艺展览会、2016中国（郑州）阳台园艺博览会三会联办开幕式在郑州市

三会联办展会开幕式

陈砦花卉双桥基地举行，河南省花卉协会、郑州市农业农村工作委员会、郑州市花卉协会领导以及相关科研单位、农业大学的专家和来自全国各地的500多位参展商出席开幕式并参加展会。开幕式由郑州市政协副主席李新有主持。

展览内容包括花卉、苗木、园艺资材用品、现代设施农业装备、阳台园艺用品以及盆栽花卉、盆栽果树、盆栽蔬菜等现代农业科研成果，涵盖花卉苗木、园艺用品及相关产业发展现状及科研成果。同时，还邀请了中国科学院、中国农业大学和北京、广州、郑州、武汉、沈阳、杭州等地的科研院所和农业大学专家、教授，以及荷兰等国外知名企业代表参加论坛，并为参会者进行专题讲解。

接待参观 陈砦花卉产业的发展，受到国内乃至国际上的关注。为了学习经验、加强合作，发展花卉产业，先后有40多个全国各地及国际花卉考察团队到陈砦参观学习。陈砦花卉产业管理层每次对参观团热情接待，都派领导或专人全程陪同，解答参观者的提问，介绍发展花卉产业的经验、教训。陈砦花卉产业管理层接待的参观团主要有：

2005年5月26日，安阳考察团到陈砦考察花卉产业。

2008年4月23日，福建省花卉协会到陈砦进行花卉产业交流。

2009年9月12日，马来西亚财政部部长到陈砦考察花卉产业经营情况。

2011年10月21日，石家庄市裕华区工商联主席谢雪梅一行10人到陈砦考察花卉产业。

2012年5月11日，海南省三亚市政府副科长林有炽、中国月季花协会副会长方成到陈砦花卉双桥基地参观考察。

2013 年 4 月 29 日，商丘市花卉协会会长江方众到郑州陈砦花卉双桥基地参观考察。

2014 年 8 月 22 日，湖北省孝昌县委书记吴琼携土地局等单位领导及当地企业家 10 余人到陈砦参观考察花卉产业。

2015 年 9 月 9 日，长沙红星花卉市场一行、四川春天花卉市场一行先后到陈砦参观考察花卉产业经营情况。11 月 12 日，由郑州市委统战部副部长、台办主任潘新红带领的台商考察团一行到陈砦花卉双桥基地参观。

◉ 产业管理

陈砦花卉产业所辖的贸易平台规模大、入驻企业（商户）多，特别是就业人员较复杂，为确保产品质量、安全经营、优良环境、服务到位，花卉产业管理层加大对企业的宣传教育，提升广大商户对花卉产业重要性的认识，制定和完善各项规章制度，开展诚信经营评比竞赛活动，提高广大商户守法诚信经营的自觉性。

构建产业文化 陈砦的花卉产业发展壮大之后，为了保持长期稳定、可持续发展，花卉产业管理层制定了发展目标、发展愿景、企业理念、经营理念、座右铭等一系列制度，为产业的发展指明了方向，增强了经营者的凝聚力、向心力。陈砦花卉产业的发展目标是打造国内一流的花卉经营连锁企业，建成具有国际影响力的花卉运营机构，成为国际花卉业的领舞者。企业愿景是改善人居环境，畅享自然之美。企业理念是创造完美、服务社会、以花会友、共创未来。企业经营理念是专注、专心、专业，开发新客户、留住老客户。企业服务理念是花期有限、服务无限。企业人才理念是以人为本、德才兼备、以德为先。企业座右铭是学习同行业的经验叫创新，学习其他行业的经验叫革命，不创新就不革命。上述产业文化的宣传、推广，既增强了广大花卉商户的活力，又提高了花卉业的知名度，更为推动花卉产业的发展奠定了思想基础。

制定规章制度 为了加强对花卉产业的管理，陈砦花卉产业管理层先后制定多项规章制度。2014 年统一汇总为《陈砦花卉市场商户守则》，细分为四大项规章制度：

一是花卉产业从业商户入场规定：针对摊主自营型商户、摊主出租摊位型商户、二手租赁型商户、准商户型商户等，市场摊位的取得、转让、出租都有明确规定。二是商户日常程序规定：主要含装修（23 条）、加班（11 条）、卸货进货（9 条）、出货（5

条）、商户出勤（6条）、用水（9条）、用电（4条）、摊位费的缴纳（3条）、切花区的冷库出入（9条）、商户与市场的沟通及奖励制度、顾客对商户投诉的处理办法、商户应尽的义务等。三是花卉产业经营场所环境卫生规定（23条）、安全经营规定（9条）、车辆安全管理（7条）、其他安全规定（11条）。四是花卉产业诚信经营规定：含市场公开承诺（4条）、鲜切花管理（11条）、宠物区管理（11条）、盆花区管理（18条）、园林区管理（8条）、工艺品区管理（14条）、商户自身行为规范（20条）、商户客商往来规范（5条）、其他注意事项（8条）。通过上述规章制度的实施，极大地提高了花卉产业商户依法经营、诚信经营、文明经营的自觉性，为花卉产业的快速发展营造了良好的环境。

倡导诚信经营 陈砦花卉产业在经营中坚持开展“百花争艳迎嘉宾，诚信服务送百家”活动。首先每季度开展一次诚信经营评比活动，在评比活动中评出10家诚信经营商户进行表彰奖励，使他们带动周边商户，形成“守法、文明、诚信”的经营环境。其次是创办《陈砦花卉人》杂志，大力宣传市场经营先进商户，为广大商户树立学习的榜样，打造全体商户诚信经营氛围。同时，统一市场商户使用的购货箱、胶带，还专门为盆花区销售的盆栽花配上养护卡及标签，不仅有效地提高了市场商户的凝聚力，而且也提升了摊位在顾客中的知名度。不少顾客反映说：“陈砦花卉是放心品牌，即质量上放心、价位上放心、服务上放心。”

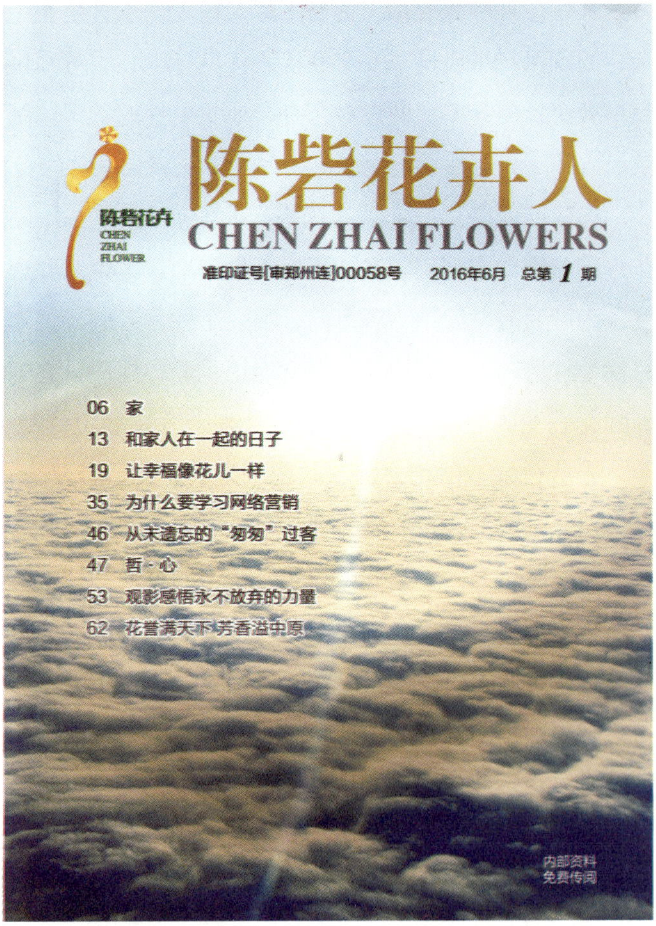

《陈砦花卉人》杂志

蔬菜产业

1996年，陈砦开始兴办蔬菜产业，建起陈砦蔬菜批发市场，成为郑州市乃至河南省建设最早、规模最大的蔬菜市场。1998年被农业部授予“全国重点蔬菜市场”称号，2007年被河南省农业厅命名为“定点农产品批发市场”，受到全国各地的关注。58个各省区市及县乡（镇）考察团队，4930人次考察人员先后到陈砦村考察，学习陈砦的蔬菜产业经营经验。2015年陈砦蔬菜批发市场经营商品蔬菜类100余种，副食品类180余种，蔬菜交易量16.5亿千克，副食品交易量12亿千克，年成交额达65亿元，陈砦村成为国内“南菜北调、北菜南运”的重要集散地。

四季清风歌廿载；九州鲜菜汇一村。
——郭增磊

◉ 产业兴办

创建市场 20 世纪 90 年代，随着郑州商贸城建设及城区向北延伸步伐加快，市政设施及行政企事业单位征地剧增，陈砦村土地面积锐减，保障失地村民生活至关重要。1994 年年底，在村民的强烈期盼下，村两委提出“依城沿道、发展市场、服务城市、富裕村民”的发展规划，并确定“一年打基础、二年上台阶、三年大发展”的发展目标，为兴办陈砦蔬菜产业奠定了思想基础。

1995 年年初，郑州市唯一的一个大型蔬菜批发市场——关虎屯蔬菜市场面临的问题逐渐突出。随着农村土地承包责任制的深化，为服务城市“菜篮子”工程，农村蔬菜种植面积不断扩大。同时，郑州城区人口密度不断增大，占地不足 30 亩的关虎屯蔬菜市场人流量较大，运输大车难以进入市场，常常造成交通拥堵，给蔬菜交易带来极大不便，亟待建设一个新的大型蔬菜交易市场。依据郑州市总体规划，关虎屯蔬菜市场准备外迁。鉴于上述情况，陈砦村两委主动与金水区工商分局协商，确定在文化路与北三环路交会处东南角征地 70 亩，投资 150 万元，先建 1920 平方米两层简易房作蔬菜交

陈砦蔬菜批发市场

易市场，由此，关虎屯的蔬菜批发商整体搬迁，而老的关虎屯蔬菜市场变成了蔬菜零售市场。

1995 年春，陈砦开始建设陈砦蔬菜批发市场，当年 11 月，陈砦蔬菜批发市场开始试营业。1996 年 3 月 12 日，陈砦蔬菜批发市场建成并正式举行开业典礼，大批原关虎屯蔬菜市场商户进驻。

陈砦蔬菜批发市场开业后运营良好，产品辐射全国 19 个省市，成为中原地区最大的蔬菜交易平台。1996 年，全国政协副主席孙孚凌考察陈砦蔬菜批发市场，并为市场题写场名，为陈砦蔬菜批发市场快速发展、扩大影响力起了很大的推动作用。

产业升级　为了进一步把蔬菜产业做大、做强，陈砦村对蔬菜批发市场先后进行两次搬迁、三次升级改造，累计投资达 9000 余万元，使其占地 130 亩、建筑面积 4 万平方米，建有商业房 453 间。为进一步优化经营环境，对下水道全部进行翻新，6 万平方米的交易区全部用水泥硬化，内设摊位 2000 多个，可容纳 8000 多商户进场经营，设有蔬菜经营区、食品经营区两大区域。蔬菜经营区下设莲藕区、西红柿区、黄瓜区、土豆区、菌类区、大葱区、青椒区、冬瓜区、胡萝卜区、芹菜区、姜蒜区等 13 个品种小区；食品经营区下设粮油干调区、冷鲜肉区、熟肉区、白条鸡区、海鲜区、豆制品区等 8 个品种小区。为确保蔬菜、肉食品等冷冻保鲜，陈砦村投资 7000 万元，建立容量达 3 万吨的陈砦冷库，对蔬菜产业健康、快速发展起到了重要的促进作用。

◉ 产业效益

陈砦蔬菜产业的发展得益于交通、环境等诸多优势。特别是众多知名商家到陈砦

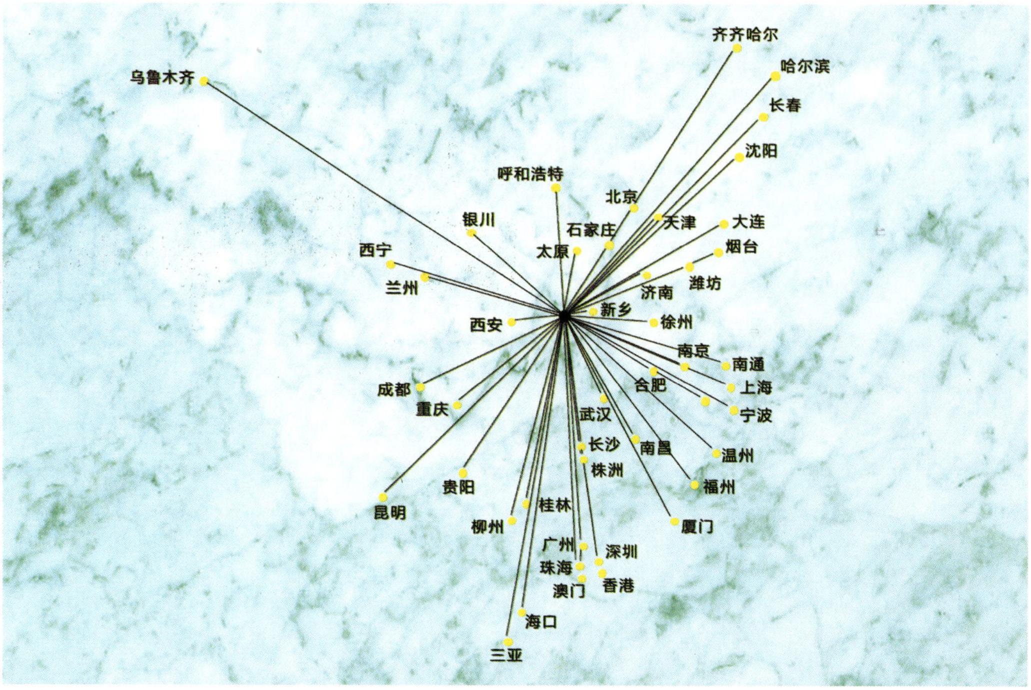

陈砦蔬菜批发市场辐射示意图

村从事蔬菜产业经营，经营商户由 500 家发展到 2000 多家，从业人员由 1000 人增加到 6300 余人，蔬菜产业产品辐射全国 20 多个省、自治区、直辖市。2015 年与 1996 年相比，蔬菜年交易量增加 5.57 亿千克，增长 0.51 倍；副食品年交易量增加 11.98 亿千克，增长 599 倍；年交易额增加 53 亿元，增长 4.42 倍。同时，极大地带动了运输业、租赁业等第三产业的快速发展，实现了经济效益和社会效益再上新台阶。

经济效益 1996—2001 年，陈砦蔬菜产业创建初期，有大蒜经营者 30 余户 150 余人，细菜经营者 7 户 30 余人，时鲜菜经营者 100 余户 300 余人，外地往来不固定商户 250 余户 600 余人。每天有 3000 多辆机动车、1.5 万多辆三轮车进出，日交易量达 400 多万千克。2013—2015 年，蔬菜经营区有商户 750 余户 2500 余人，食品经营区有商户 650 余户 2000 余人，流动商户和郊区青菜商户 600 余户 1800 余人，日交易量达 800 万千克，其中蔬菜 470 万千克、副食品 330 万千克。2015 年与 1996 年相比，蔬菜交易量增长 0.51 倍（2011 年后，主要是“大路菜”显著减少，而鲜、细、嫩品种增多）；副食品交易量增长 599 倍；成交额增长 4.42 倍。

1996—2015 年陈砦蔬菜产业经济效益统计表

表 11

年份	蔬菜年交易量（万千克）	副食品年交易量（万千克）	年成交额（万元）
1996	109300	200	120000
1997	114700	300	125000
1998	124500	500	130000
1999	137300	700	135000
2000	145700	800	140000
2001	154100	900	170000
2002	172000	1000	200000
2003	181300	1400	220000
2004	188300	1700	230000
2005	209200	1800	240000
2006	213100	1900	250000
2007	216500	2000	260000
2008	215000	2500	270000
2009	220000	5000	280000
2010	221000	9000	290000
2011	210500	25000	300000
2012	163000	80000	350000
2013	158000	100000	450000
2014	155000	110000	550000
2015	165000	120000	650000

社会效益　陈砦蔬菜产业的发展壮大，有力地带动了陈砦村一带运输业、餐饮业、租赁业等第三产业的快速发展。

蔬菜产业带来的社会效益突显：一是就业再就业人员逐年增多，市场从业人员由 1000 人增加到 6300 人；二是带动运输业快速发展，除各类商户车辆外，运送货物日车流量达 2000 多辆，其中面包车 1300 辆，三轮车 700 多辆；三是大部分商户都在陈砦村租房住，为陈砦村民增加了经济收入。

陈砦蔬菜产业管理层为了回报社会，积极参加各类公益活动。不断组织开展公益慈善活动，发动广大蔬菜产业经营者为四川地震灾区及困难群体捐款、捐物，多次组织为弱势群体献爱心活动，弘扬爱党、爱国、爱民的优良传统。

市场一角

产业交流

陈砦蔬菜产业创办以来，不断升级改造，发展势头良好。国内很多省、自治区、直辖市多次到陈砦村考察蔬菜产业，很多地方回去后根据陈砦蔬菜产业较为成熟的发展经验创办自己的蔬菜产业。陈砦蔬菜产业接待的参观团主要有：

1996—2001 年，海南省主管农业的副省长韩至中亲自带队到陈砦考察蔬菜产业。此外，还有 3000 多名全国各地抓农业的领导，带领县市乡村的领导到陈砦考察蔬菜产业，了解蔬菜产业行情和发展趋势。

2002—2003 年，海南省澄迈县委书记王勇，副书记、县长吴九丰带领各乡镇村和果木专业户到陈砦参观学习，韩国抓农业的领导带队 50 人到陈砦参观学习，江苏省徐州市和陕西省西安市共 100 多人到陈砦考察蔬菜产业。

2004—2005 年，河北省张家口市主管农业的副市长带领 80 人，邯郸市主管农业的副书记及尚义县大青沟乡主管农业的副书记带领 50 人，先后到陈砦考察蔬菜产业。

2006—2007 年，山西省长治县、晋城市、长子县各级领导共 150 人，太原市、忻州市、临汾市、运城市领导带队 200 人到陈砦考察蔬菜产业发展情况。

2008 年，山东省金乡县鱼台乡党委副书记带队 30 人，寿光、青州、定陶、滕州、唐庄等县市乡抓农业的领导带队共 350 人到陈砦考察蔬菜产业。返回后很多市县开始大规模发展本地的蔬菜产业。

海南省在陈砦蔬菜批发市场设立批发中心

2009年，四川省西昌市、广元市、广安市、泸州市和海南省文昌市、琼山市（现海口市琼山区）、澄迈县、琼海市抓农业的各级领导带队共500人到陈砦考察蔬菜产业经营情况。

2010年，湖南省常德市、岳阳市、长沙市、株洲市、衡阳市和湖北省孝感市、武汉市、随州市、荆门市、汉川市、宜昌市、天门市等各级领导带队共400多人到陈砦考察蔬菜产业。

2011—2014年，广东省东莞市、惠州市、江门市、佛山市、高州市和广西壮族自治区田阳县、田东县、百色市等市县领导带队共200余人到陈砦考察蔬菜产业发展情况。

◉ 产业管理

为了更好地发展蔬菜产业，维护良好的经营秩序，陈砦蔬菜产业管理层采取多项措施，营造“齐抓共管”的良好氛围，提高蔬菜产业经营者诚信经营的自觉性，每季度开展先进商户评选活动，使广大顾客的满意度不断提升。

设置管理机构 为加强对陈砦蔬菜产业的管理，陈砦村设置有90余人的管理委员会，管理委员会有1名主任及5名副主任。主任主抓蔬菜产业的全面工作和安排一切临时工作。同时，有专职抓保安工作的副主任、抓消防安全的副主任、抓食品安全的副主任、抓卫生的副主任、抓收费室工作的副主任，各负其责，齐抓共管。尤其是组建30余人的治安卫生巡逻及志愿者帮扶队伍，确保蔬菜市场良好的经营环境。

巡逻、检查、帮扶队

制定规章制度 为保证蔬菜产业经营的规范、安全，陈砦蔬菜产业管理层制定了多项规章制度，主要有管委会主任岗位责任制度、管委会副主任岗位责任制度、保安人员岗位责任制度、清洁工岗位责任制度、水电工岗位责任制度、收费室人员岗位责任制度、消防安全制度、食品安全制度、卫生制度、安全小组制度、办公室人员分工制度、全体工作人员管理制度、对经营商户人员的管理制度等，通过实施上述各项规章制度，对不断提升陈砦蔬菜产业的品位，促进蔬菜产业经营的规范化、法治化，推动蔬菜产业的健康发展起到了重要作用。

强化法治教育 陈砦蔬菜产业管理层高度重视对蔬菜产业经营者进行法治教育。多次利用业余时间对经营者进行法治教育，并组织他们学习《中华人民共和国食品安全法》《中华人民共和国消费者权益保护法》《中华人民共和国反不正当竞争法》《城乡集贸市场管理办法》《个体劳动者和私营企业经营者职业道德规范》《文明经营户标准》等，不断打假治乱，开展文明经营者创建活动，互相监督检查，使市场文明经营蔚然成风。

文明经营户

陈砦蔬菜产业管理层还重视对广大商户进行“诚信经营、德行天下”等道德品行方面的教育，确保各经营区健康发展。蔬菜经营区避免了上大下小、外好里坏、外干里湿、外净里脏、掺杂使假等现象，取而代之的是分等定价，优质优价。副食品经营区的商户们都能够做到亮证经营、明码标价、计量精确、保证质量。生鲜肉的经营户都做到了百分之百不进未经检疫的肉食。粮油、调料经营户做到了百分之百的没有“三无”产品、没有假冒产品、没有变质产品。

◉ 农产品检测

陈砦蔬菜产业管理层高度重视农产品安全，认真贯彻执行《中华人民共和国农产品质量安全法》《郑州市无公害农产品管理办法》等法律、法规，强化政府主管的检测室和自建检测室的建设，实施抽样检测与全部商品检测相结合的措施，确保蔬菜及农副产品合格率达 98% 以上。

机构设置 1999 年开始，郑州市农业局就在陈砦设立蔬菜检测室，安排 9 名质量检测员，对蔬菜产业经营者经销的蔬菜进行检测。每天抽检不同品种的 60 ~ 80 个蔬菜样品，通过速测仪器进行农药残留检测，对检出的不合格蔬菜产品和各种农副产品现场进行登记销毁。从 2000 年 1 月 1 日开始，把检测结果在当天的报纸、电台等媒体公布，接受广大群众监督，使陈砦蔬菜产业经营者销售的农副产品合格率逐步提高，历年来保持在 98% 以上的合格率。严格执行郑州市政府的农产品安全规章和蔬菜市场准入规定，按照市农业局的统一安排，陈砦蔬菜产业管理层于 2001 年投资 8 万元，成立蔬菜自检室，建立了自检体系，高标准购置了蔬菜检测全套设备，主动每天对所有进入市场的蔬菜全部进行自检，以确保合格蔬菜上市。形成自检室人员见车必检，市农业局检测室人

蔬菜检测

市场准入及产品信息公布栏

员见车抽检的检测格局。

从 2002 年 10 月 1 日起，陈砦蔬菜产业管理层认真贯彻执行郑州市政府启动的蔬菜市场准入制度，凡是进入陈砦蔬菜批发市场的蔬菜必须是来自于省市级以上农业行政主管部门认定的无公害农产品生产基地生产的蔬菜，且随车携带该批次产品检验合格证明，否则不能进入市场交易。陈砦蔬菜产业管理者坚持对每一批准备进入市场交易的蔬菜车辆一车一车进行检测，对不合格蔬菜产品不准交易。

检测成果 郑州市农业局和检测室全体工作人员一年四季守候在陈砦对所有进入陈砦的各种蔬菜和农副产品进行监测，做到全方位为商户及消费者服务，让消费者天天吃上放心蔬菜和农副产品。

2000—2015 年，陈砦的蔬菜检测室共检测出不合格农产品 57 起、2510 千克，其中以韭菜量最多，达 1290 千克。其中 2000 年至 2002 年的 4—6 月，共查出农药残留超标韭菜、上海青等 15 起，共计韭菜 300 千克、上海青 160 千克。2013 年至 2015 年的 4—7 月，共查出农药残留超标 7 起，共计黄瓜 40 千克、韭菜 80 千克、韭黄 20 千克、上海青 60 千克、小白菜 30 千克、生姜 10 千克。陈砦蔬菜产业管理者对不合格的农产品及时销毁，保证让广大消费者吃上放心菜。

村域经济

从20世纪50年代开始，陈砦村始终是郑州市及其所属区、乡（镇）农业发展、农村工作的先进村。农业合作化时期成立的柳林乡红光第一农业生产合作社是河南省农业战线上“三面红旗”之一，为引导和推动全郊区农业合作化运动提供了宝贵的经验。同时，按照村域土地资源和生产环境实际，实施“北地摇钱树（建立果园）、南地聚宝盆（发展蔬菜）、东地粮食囤（种植粮食作物）”农业产业规划。70年代后，实现了土地园田化、水利化及农业机械化，农业生产条件得到极大改善，陈砦村成为郑州市蔬菜生产供应基地和粮食生产重点区域，每年向城市提供冬储蔬菜150万千克，向国家缴纳公粮13.5万千克，为服务城市做出一定贡献。90年代中后期，特别是进入21世纪，陈砦村耕地面积逐年锐减，农业逐渐萎缩，各类商贸服务业迅猛崛起，并建有郑州陈砦花卉交易市场、陈砦蔬菜批发市场，村域工商企业、租赁业快速发展，基本实现了农村向城市的过渡。2015年，全村固定资产达20亿元，村办企业缴纳国家税金1.38亿元，集体经济收入7144.15万元（不含被征地款），村民人均收入18.85万元（含村民租赁业人均收入15.65万元）。

经济腾飞奔小康，人文建设焕家乡。
同心共济辟新路，百业繁荣幸福长。
——艾昆玉

◉ 经济总情

农村经济发展事关全体村民福祉，其中农村产业结构又是影响农村经济发展的重大因素。一直到20世纪80年代，陈砦村经济收入主要靠粮食及蔬菜生产，村集体办有运输队、建筑队、砖窑厂、预制板厂等，部分农户建有榨油坊、轧花坊、编织坊等小作坊，经济发展缓慢。中共十一届三中全会后，陈砦村坚持以经济建设为中心，以农村改革为动力，以市场为导向，在抓好粮食、蔬菜生产的基础上，加快农村产业结构调整，大力发展工商业。进入90年代后，特别是进入21世纪以来，商贸服务业、租赁业快速发展，有力地促进了集体经济的发展壮大。

产业结构调整 农村产业结构调整是农村经济改革与发展的必然趋势，亦是壮大集体经济、增加农民收入的关键举措。中华人民共和国成立后，随着时代变迁及社会进步，为适应农村形势的变化与发展，确保经济持续增长，陈砦村产业结构调整经历了四个阶段：一是20世纪60年代，建立林果专业队，发展果园540亩、苗圃40～50亩，占农田面积的19.7%，以销售果品、树苗作为副业，增加经济收入。二是70年代开始，贯彻郊区为城市服务的方针，坚持“以粮为纲、以菜为主”的原则，大力发展蔬菜生产，粮菜面积比为59.1∶40.9，陈砦既是郑州市蔬菜生产供应基地，又是粮食生产重点区域，村民收入显著提高。三是80年代初，农村实行家庭联产承包责任制后，坚持“无农不稳、无工不富、无商不活”的理念，积极鼓励和支持村组及个体兴办工商企业30多家，1993年全村实现社会总产值1031万元，为村域经济注入了新的活力。四是进入90年代中后期，为适应郑州商贸城建设和城区北延形势，依据城市近郊土地资源优势，大力发展商贸服务业、租赁业，尤其是建立了郑州陈砦花卉交易市场、陈砦蔬菜批发市场，为振兴陈砦经济发挥了巨大作用。

经济发展概况

陈砦村依据城市广大居民需求和农村形势的发展，坚持郊区为城市服务的理念，按照市场经济规律，在不同历史时期都狠抓产业结构调整，充分发挥辖区地理位置优越、交通便利、土地资源丰富等诸多优势。尤其90年代后，为适应郑州城市发展新形势，以“服务完善、产品对路、诚信经营”为抓手，推动工商业、租赁业等第三产业快速发展，促进了经济发展不断转型升级，实现了产业结构日趋优化、劳动力多渠道就业、集体经济逐步壮大，村民收入逐步显著增加，群众富裕型小康生活水平进一步提高。2015年，全村集体经济收入达7144.15万元（不含被征地款），农民人均收入18.85万元（含村民租赁业人均收入15.65万元），较1997年相比集体经济收入增长65.14倍、村民收入增长93倍，极大地推动了陈砦村由农村向城市、陈砦村民由农民向市民过渡转化的过程。

1997—2015年陈砦村集体经济发展情况表

表12　　　　　　　　　　　　　　　　　　　　　　　　单位：万元

年份	土地出租及企业租赁	房屋场地出租	其他	小计	征地款	合计
1997	104.98		3.03	108.01	1208.02	1316.03
1998	48.83		7.42	56.25	4405	4461.25
1999	44		23.32	67.32	4875.1	4942.42
2000	139.46		84.79	224.25	4345.14	4569.39
2001	424.47		169.66	594.13	5993.93	6588.06
2002	102.21		30.19	132.4	11174.88	11307.28
2003	1032.81		107.78	1140.59	14546.76	15687.35
2004	1198.39	18.24	77.21	1293.84	17764.12	19057.96

续表 12

年份	土地出租及企业租赁	房屋场地出租	其他	小计	征地款	合计
2005	2165.04	18.24	189.87	2373.15	19128.53	21501.68
2006	1060.78	18.24	20.42	1099.44	22156.76	23256.2
2007	1640.97	18.24	588.97	2248.18	2397.6	4645.78
2008	1503.91	48.24	289.11	1841.26	978.22	2819.48
2009	2186.08	48.24	272.85	2507.17	1576.31	4083.48
2010	5232.17	62.36	144.29	5438.82	5438.82	10877.64
2011	4183.86	62.36	749.36	4995.58	2575.93	7571.51
2012	4647.26	62.36	975.86	5685.48	8559.3	14244.78
2013	3498.56	62.36	2786.79	6347.71	5598.67	11946.38
2014	3981.29	62.36	2185.82	6229.47	1073.56	7303.03
2015	4730.77	62.36	2351.02	7144.15	2200	9344.15
合计	37925.84	543.6	11057.76	49527.2	135996.65	185523.85

说明：土地出租及企业租赁是指大块土地出租和重点企业租赁，房屋场地出租是指中块土地和散型建筑物出租

集体经济收入增速 20 世纪 90 年代中期后，陈砦村集体经济收入主要是工商企业经营收入、土地及房屋场地出租租金和其他收入。1997 年集体经济收入 108.01 万元，2001 年为 594.13 万元。2003 年突破千万元，达 1140.59 万元。2010 年突破 5000 万元大关，达 5438.82 万元。2013 年为 6347.71 万元，2015 年为 7144.15 万元。

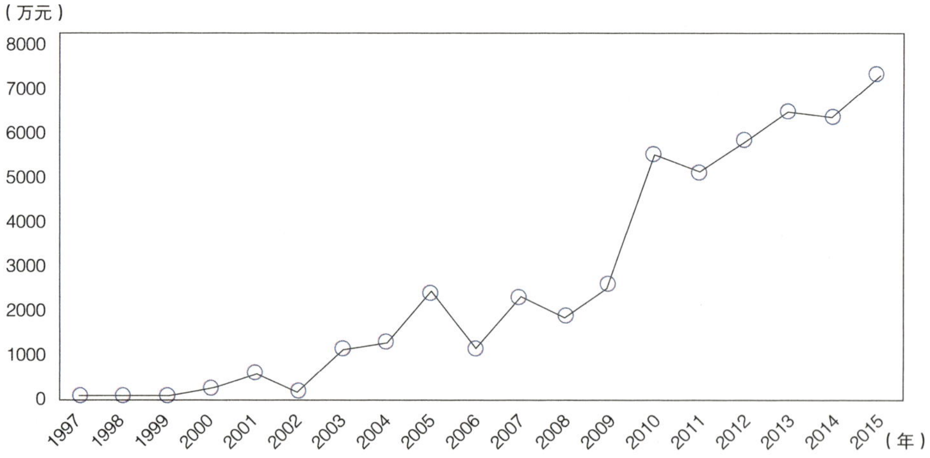

1997—2015 年陈砦村集体经济发展曲线图

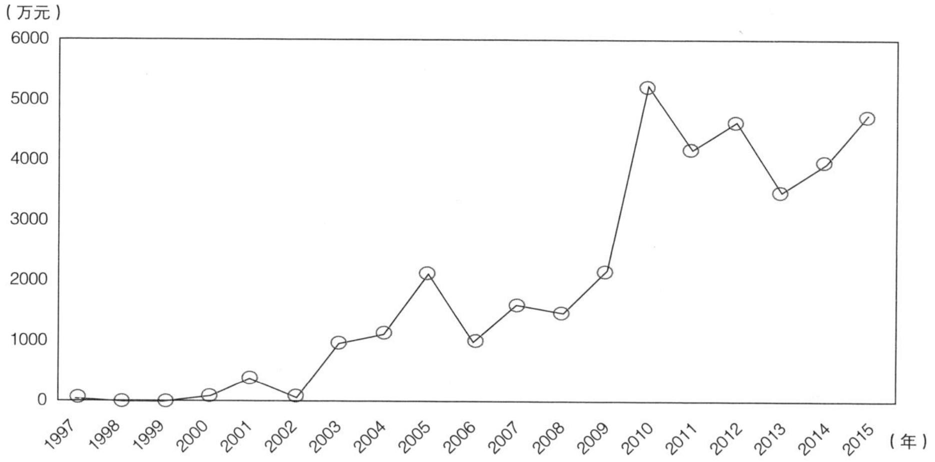

1997—2015 年陈砦村企业承包及土地出租收入曲线图

重点企业经济增速 郑州陈砦花卉交易市场 1999 年营业额为 4512 万元，2001 年突破亿元达 1.12 亿元，2009 年为 10.3 亿元，2012 年突破 20 亿元大关达 20.05 亿元，2015 年达 22.33 亿元。陈砦蔬菜批发市场 1996 年成交额为 12 亿元，2003 年突破 20 亿元达 22 亿元，2011 年为 30 亿元，2013 年突破 40 亿元达 45 亿元，2015 年为 65 亿元。

被征地款收入增速 陈砦村被征土地分市政建设占地、无偿提供、合作开发及单位征用 4 种情况。由于被征土地单位（企业）付款延续时间长，故征地款年度收入较为复杂。1997—2015 年，征地款总收入 135996.65 万元，年均收入 7157.72 万元。2002—2006 年征地款收入较为集中，总收入 84771.05 万元，占 1997—2015 年征地款总收入的 62.33%，年均收入 16954.21 万元，较 1997—2015 年年均收入年均增加 9796.49 万元。征地款收入最多为 2006 年达 22156.76 万元，最少为 2008 年仅 978.22 万元。

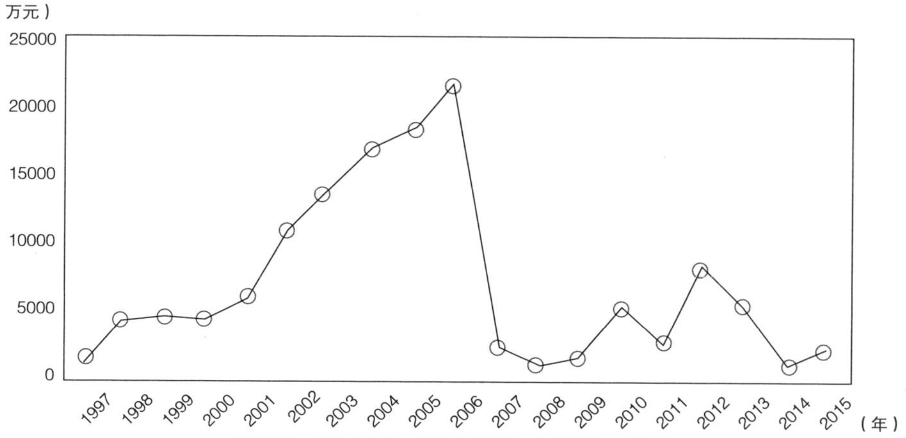

1997—2015 年陈砦村被征土地收入曲线图

集体发放村民生活费增速 20 世纪 90 年代中后期至 2001 年，村民反租倒包给村委会的土地，村里按照每亩菜田 2.8 万元、粮田 1.9 万元给予村民补偿。进入 21 世纪，陈砦村集体经济呈现快速发展。随着经济的发展，陈砦村给村民发放的生活费用逐年增加。十五年来，依据集体经济增长速度及村两委换届等情况，大体可分为四个时期：2002—2005 年是按人口平均计算，2002 年人均 2400 元，2003 年人均 4800 元，2004 年人均 6000 元，2005 年人均 7200 元。2006—2008 年人均分别为 7560 元、10620 元、12900 元，2009—2011 年人均为 22220 元，较 2008 增长近 1 倍。2012—2015 年分别为 25600 元、27300 元、30800 元、32000 元。2015 年与 2002 年相比，集体发放村民人均生活费增长了 12.33 倍。

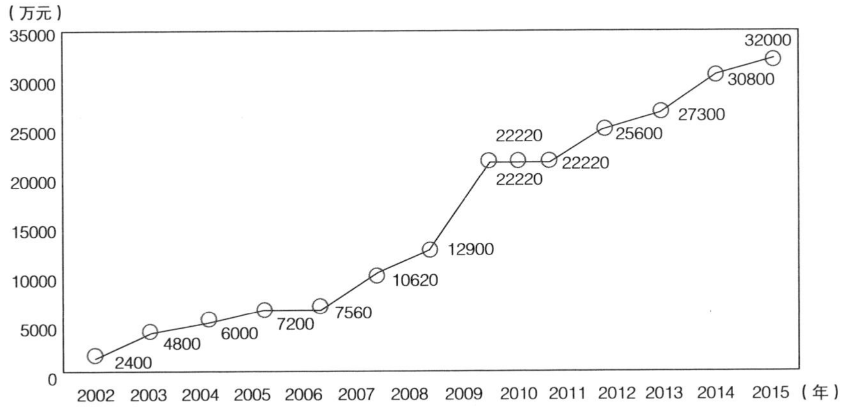

2002—2015 年陈砦村集体向村民发放生活费曲线图

◉ 农业

生产关系变革

土地私有制 旧社会在郑州城北一带有句俗语：“庙李有钱好唱戏，陈砦有钱好买地，东史赵有钱好争气（打官司之意）。”因此，土地改革前陈砦村土地较周围村庄多，全村共有地 6300 亩，其中耕地 4300 亩，村庄占地及荒地等 2000 亩。土地改革时，全村（含东史赵）共有 170 户、815 人，耕地 4300 亩，其中地富 8 户、33 人，占地 860 亩，即占全村人口 4% 的地富占地 20%，而占全村人口 96% 的贫雇农仅占地 80%。当时，没有土地或土地少的农户，为了维持生活，不得不给地主、富农当长工、短工或租种土地，出现了多种租佃形式。

土地改革 1948年10月郑州解放,1950年4月陈砦村土地改革结束。据统计向地主、富农共收回土地1060亩，其中“飞地”（地主占用外村地）330亩，返还给新村、寺坡、桑园等村。还有粮食、耕畜、车辆、农具等若干生产、生活资料。全村贫困农民人均分地3.7亩。同时，郑县人民政府向农民颁发了土地证，延续几千年的封建土地制度被废除，农民成了土地的主人，农村出现了前所未有的生产高潮。

农业合作化 土地改革后，翻身农民摆脱了地主阶级的剥削，实现了“耕者有其田”。但在小农经济下，发展生产的力量单薄，抗御自然灾害的能力很弱，农业生产很受影响。为了发展生产，让农民群众走上共同富裕的道路，党和政府积极领导人民进行农业社会主义改造，号召大家走“组织起来发展生产”的道路，开展互助合作运动。

农业互助组。1951年，东史赵党员赵文义带领17户农民成立了北郊第一个农业互助组，采取用“换工”的办法，当时叫“农忙（临时）互助组”或“季节性互助组”。是年底，陈砦、东史赵共建互助组30多个，有80%的农民参加了互助组，其中形式较大、办的较好的有7个互助组。赵文义互助组被评为郑县“农业先进单位”，赵文义被评为郑县劳动模范。同时，在互助合作的过程中，部分互助组建有规章制度，并实行按劳计酬，后来由临时互助组发展为常年互助组，这是农民个体经济向社会主义集体经济过渡的开始，也为农业生产合作社奠定了基础。

农业合作社。1952年3月，赵文义带领7个互助组成立北郊第一个初级农业生产合作社。1953年，为贯彻落实中共中央《关于农业生产互助合作的决议》精神，郑县县委把二区陈砦赵文义和四区东尚岗杨杨培春两个农业生产合作社（初级合作社），作为典型、示范加以培养、推广。初级农业合作社实行土地、耕畜、大件农具作价入社，由合作社统一管理、统一使用，按劳分配，是半社会主义性质的集体经济组织。1953年2月，郑县与郊区合并，统称郑州市郊区。1954年，郊区合并为5个区，陈砦和东史赵隶属祭城区柳林乡。是年7月，赵文义组织陈砦和东史赵6个初级社、10余个互助组以及部分单干户，两个村共204户成立了北郊第一个高级农业生产合作社——柳林乡红光第一农业生产合作社。高级社取消土地分红，全部按劳取酬，多劳多得。同时，为贯彻《1956到1967年全国农业发展纲要》，根据省委、市委提出对农业合作社“加强领导，全面规划”的指示，在原有农业合作社的基础上先升级，后合并。1955年10月，陈砦、柳林、徐砦、刘庄、庙李等17个高级农业社大联合，成立柳林农业生产合作社，又称柳林集体农庄。当时，著名豫剧大师常香玉和苏联乌克兰国家舞蹈团分别赴柳林集体农庄演出、祝贺，河南省农业厅把3台苏联制造的农业机械调拨给郑州市郊区，支援柳林集体农庄的生产。集体农庄实现了土地和主要生产资料集体化。高级社在生产管理上由社统一生产计划、统一种植、统一调配劳力、统一分配收益；并实行定额管理，凭工计分或小段包工、季节包工，超产奖或赔产罚及“三包一奖”责任制等。农业生产初级社及高级社，改善了农业生产条件，粮食产量大幅度提高，极大地调动了广大农民群众的生产积极性，促进了农业生产的发展。当时，柳林乡红光第一农业生产合作社是河南省农业战线上的三面红旗之一，党和国家五位领导到红光社考察。1956年10月，柳林集体农庄解体，陈砦村划归庙李乡。

人民公社 1958年8月，中共中央发布《关于在农村建立人民公社问题的决议》。是年8月6日，毛泽东主席视察新乡七里营后，发出“人民公社好”的号召。8月16日，郑州地区掀起人民公社化高潮。当年，郊区党委决定，将原23个小乡和217个小社，合并为古荥、东郊（祭城）、南郊（十八里河）、西郊（须水）、北郊（老鸦陈）5个人民公社，陈砦村隶属老鸦陈人民公社陈砦大队。1960年4月，陈砦村划归金水人民公社，称农业分社，1961年5月，赵文义联合庙李、陈砦、姜寨、西史赵、张家村、王寨、宋寨、十二里屯8个村成立老鸦陈人民公社陈砦小公社。

人民公社实行“政社合一”“五位一体（工、农、商、学、兵）”“一大二公”“一平二调”的集中领导，统一经营；分级管理，统一分配。在劳动组合上，生活集体化、行动军事化，实行大协作、大兵团作战。当时，陈砦大队以生产队为单位办起集体食堂，实行干活不计酬、吃饭不要钱、集体劳动、平均消费，致使以“共产风”为代表的“五风”泛滥，严重挫伤了农民的生产积极性。1961年，贯彻中共中央《农村人民公社工作条例》，实行三级所有、队为基础的核算制度，即公社、大队、生产队三级所有，以生产队为核算单位的管理体制。土地、牲畜、大件农具、劳力固定到生产队，由生产队经营。同年3月，社员逐步恢复家庭炉灶。1963年2月，陈砦小公社解体，从而农村生产元气逐渐恢复，农民生产情绪趋向稳定。“文化大革命”期间，排斥多种经营，社员饲养家畜、家禽也被视为“资本主义”，加以限制，造成陈砦村农业经济发展缓慢。

家庭联产承包责任制 1979年4月，中共中央工作会议提出：在农村推行各种形式的生产计酬责任制。陈砦村出现两种情况，一是各生产队实行了“四统一、三定、一包”生产责任制，即统一领导计划、统一种植、统一农田基本建设、统一使用农业机械，定总产、定提留、定投资和对大田以外的农、副、渔、工商业实行承包到户、到人。二是“生产包干到组”“五定一奖”，并分30%的口粮田（其余70%仍由生产队集体经营）和“大包干到户”等多种形式的生产责任承包形式，使责任制建立在土地公有制的基础上，农民与集体保持承包关系。1981年开始，生产队将土地承包给农户经营，每年除交公粮和公社、大队提留粮外，其余完全归农户自己支配。同时，恢复农村集贸市场，提倡农民办企业，极大地调动了农民的生产积极性，农户积极把剩余的劳力、资金、物资、时间投入多种经营，推动农村由自给或半自给的小农经济向较大规模的商品生产转化。

农业生产条件演变

耕地逐年减少 陈砦村人民世代耕种，从事农业生产，而耕地是农民最基本的生产资料。以前，大量耕地被地主、富农占有，加之自然灾害和战争频繁等原因，造成土地大量荒芜，据老人回忆，陈砦村共有土岗及沟坡荒地约1000多亩。中华人民共和国成立后伴随着时代变迁和社会进步，在不同时期土地发生了很大变化。土地改革后，陈砦村有耕地4300亩，人均3亩多。农业合作化和人民公社时期土地属集体所有，由于“吃大锅饭”及“共产风”的严重影响，陈砦村土地调整给白庙、沙门、徐砦等村500余亩。1958年人工修建引黄灌溉工程——东风渠时，占陈砦土地634亩。1978年改革开放后，以经济建设为中心，村组办企业占地近百亩。20世纪90年代后，特别是进入21世纪，郑州城市建设向北延伸速度加快，陈砦村地处城市近郊，市政建设及行政企事业单位征地剧增，尤其是为适应陈砦村商贸服务空前发展的新形势，实行农户土地反租倒包给村委会的政策，全村土地面积逐年减少，累计全村被征土地近3820亩，其中市政建设用地1230亩。1998年，全村仅有耕地420亩，到2000年除集体企业及村庄占地外基本没有耕地，村民由以前单纯农业生产转向从事商贸服务业及租赁业。

农田基本建设 中华人民共和国成立前及初期，农业生产水平低下，地不平、耕地浅、无畦埂、不浇水，种地靠天，产量低而不稳。1958年开挖东风渠引黄灌溉，粮食产量有所提高。二十世纪六七十年代，开展“农业学大寨”运动，并采取国家、集体双向投资打井修渠的办法，郑州市郊区掀起以建设旱涝保收稳产高产田为中心的农田水利基本建设高潮，陈砦村针对村东土地低洼易涝、村西土地不平且易旱的特点，采取深翻土地、打井修渠等措施，坚持不懈地抓好农田水利基本建设。截至80年代初，全村共打井34眼，建提灌站2个，修灌排渠道8000余米，全村3000余亩农田基本实现园田化、水利化、机械化，有力地促进了粮食、蔬菜产量的大幅度提高。

机井房

犁

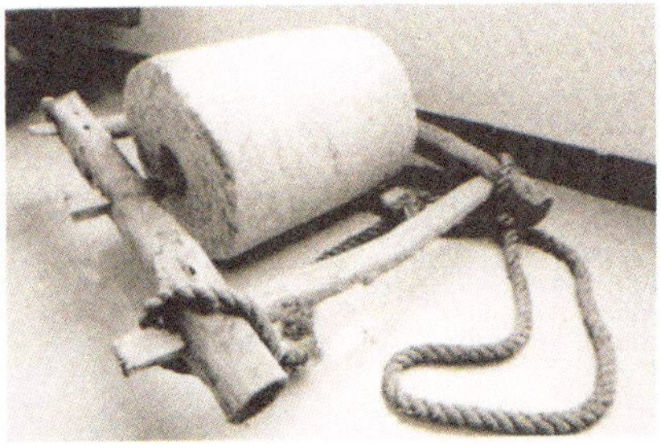

石磙

耧

农具机械化 陈砦村农业工具经历了旧式农具、半机械化和机械化 3 个阶段。中华人民共和国成立前，农民从耕作、收割、排灌、脱粒、储存到加工等各个环节均沿用着几千年流传下来的原始工具，如耕作农具犁、铁齿木耙、木耧、锄头；收打农具镰刀、砍刀、桑叉、扫帚、荆叉、石磙、簸箕；灌溉工具水桶、水车、辘轳；运输工具木轮大车、小平车、小翻车、抬筐、扁担；加工工具石磨、石碾、铡刀等。人推畜拉，进行耕、耙、播和收打、加工等农业生产活动，由于旧式农具古老、笨重、效率低，严重影响了农业生产的发展。

中华人民共和国成立后，党和政府高度重视农具改良。1952 年，陈砦村引进和推广七寸步犁、耘锄、解放式水车、单管式喷雾器等。特别是 1954 年郑州市拖拉机站在陈砦村南成立，通过先进农业机械的实验、示范，有力地提升了陈砦村农业机械化水平。1956 年，陈砦村将七寸步犁改进为双轮双铧犁，将铁轮车改进为胶轮马车、架子车，并购置了磨面机、轧花机、榨油机等。同时，

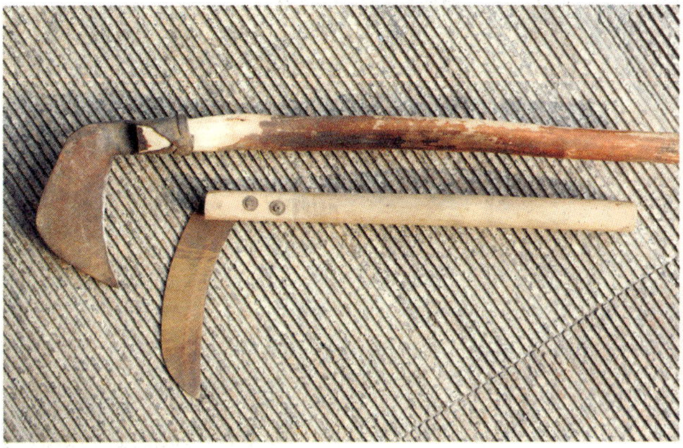

镰刀

各式农具

开始使用电动机，进行农田灌溉。旧式及落后的农具不断被取代、革新，大批半机械化农具的引进、使用，对陈砦村农业生产的发展起到了积极的促进作用。

20 世纪 60 年代后，各级农机管理机构逐步健全，陈砦村设有农业机械管理站，此时农业机械化水平快速提升。70 年代中后期，陈砦村拥有大型拖拉机东方红 75、东方红 40 各 2 台，手扶拖拉机 6 台，康拜因收割机 1 台，24 行播种机及圆盘耙各 1 台；还有脱粒机、打稻机 15 台，机动喷雾器 30 部，轧花机、磨面机、榨油机、碾米机等共 30 余台。粮食作物基本实现耕地、播种、收割、脱粒等机械化。90 年代后，陈砦村由于从农业型村庄逐步转向商业型村庄，各种农业机械亦逐渐消失。

耕作栽培制度 陈砦村直到 20 世纪 90 年代都是农业区，一直就有精耕细作、用地养地、轮作倒茬的耕作习惯。中华人民共和国成立前，耕作主要是用畜犁地，也有用人拉犁或用锹翻地的，耕作浅、效率低。陈砦十分重视粮食生产，但由于农业生产条件的限制，为解决人多地少、肥力不足的状况，部分土地实行休整轮作，采取冬前、秋播两犁，即一年一熟制，小麦收割后种植“绿肥”或留为“傻汉”地（休耕地），来年再复种小麦。但多数土地实行夏秋两犁即一年两熟制，小麦收割后种红薯、高粱、玉米、花生等秋粮，秋作物收后再种小麦。

中华人民共和国成立后，随着土地园田化、水利化及农具机械化等农业生产条件的极大改善，尤其是 70 年代后，人口逐渐增多，土地逐渐减少，加之社会对农副产品需求日益增长，陈砦村耕作制度发生很大变化：一是基本消灭“绿肥”地、“傻汉”地；二是除村东低洼易涝区实行麦稻一年两熟制度以外，旱作粮食生产区大力推广间作套种技术，逐步发展为一年三熟、四熟制；三是蔬菜生产区实行一年多品种、多熟制。这最大限度地

机械收割

提高了土地复种指数，对提高粮食、蔬菜产量，增加农民收入发挥了重大作用。

实行科学种田　中华人民共和国成立前，农业生产分户经营，生产力落后，种地靠天，产量低而不稳，很多农民思想落后，认为“种庄稼并不难，人家咋干，咱咋干”，对科学种田不重视。中华人民共和国成立后，在农业合作化时期，毛泽东主席提出“土、肥、水、种、密、保、管、工”农业八字宪法，为科学种田打下了基础。20 世纪 60 年代开始，特别是家庭联产承包责任制实施后，广大农民群众充分意识到，发展农业生产，提高农业效益一要靠政策，二要靠科学。陈砦村民在农业生产实践中探索了诸多科学种田的经验。

推广良种。陈砦村十分重视优良品种的引进和推广，为保证种子质量，始终坚持“自选、自育、自留、自用”的原则，对新引进的品种，采取先试验、示范然后推广。通过良种引进、自繁自育、精选加工等措施，基本实现小麦、水稻种子原种化，玉米种子杂交化，蔬菜种子优良化。同时，注重良种不断更新换代，显著地提高了农作物的产量及品质。广大农民群众总结出：“种地选好种，增产又省工”“好种出好苗，混杂收成少”“种子要保险，田间应穗选”等经验。

合理施肥。农谚说：“种地不上粪，等于胡瞎混”“庄稼是支花，全靠粪当家”“肥是农家宝，全靠施得巧”。陈砦村民在长期的农业生产实践中，逐步摸索和掌握了农家肥作底肥，化肥作攻苗追肥，科学搭配氮、磷、钾，化肥推广穴施、条施，微肥、激素采用根外喷施等一套科学合理施肥技术。农家肥是有机肥料，也有的用饼肥或“掩青”（把地里的绿色植物用土埋起来，使其变成肥料），肥效时间长；化肥是无机肥料，肥效快，有助于产量提高。科学合理施肥对改良土壤、发挥肥效、提高作物产量均起到了重要作用。

科学管理。实施科学管理是提高产量和提升效益的关键措施。陈砦村民在农业生产中，针对不同作物及其对生长环境的要求，注重积累管理经验。如实施水稻“六改”技术措施，重点推广湿润育秧、旱育稀植、化控技术、普及良种、宽窄栽植、配方施肥技术，使水稻产量大幅提升。在小麦生产“一优双高”中，实施小麦精播、一喷三防、配方施肥、化学除草等技术，增加科技含量，提高管理水平。在蔬菜生产中，大力发展保护地生产，研发反季节蔬菜种植，实施二氧化碳施肥、滴灌、生物杀虫剂、黄瓜嫁接等技术，科学种田水平明显提升，经济效益显著提高。

农业生产条件十大变化 1. 由土地坑洼不平，通过平整深翻土地，实现了耕地园田化。2. 由旱涝灾害频繁，通过排灌水利设施建设，实现了高产稳产。3. 由耕种农具笨重，通过引进、改良，实现了农具机械化。4. 由农业设施简陋，通过改造、研发，实现了农业机械化。5. 由作物品种混杂，通过引进、自繁自育，实现了粮菜良种化。6. 由田间管理粗放，通过推广先进技术，实现了管理科学化。7. 由病虫多发危害，通过适时综合防治，实现了粮菜高产丰收。8. 由农产品质量差，通过品种改良引进，实现了高产优质化。9. 由作物秸秆焚烧，通过综合利用，实现了秸秆还田。10. 由种植单一作物，通过间作套种，实现了复种指数提升。

粮食作物 “民以食为天”，陈砦村种植粮食作物历史悠久。中华人民共和国成立前及初期，夏粮主要是小麦，搭配种植大麦、荞麦；秋粮主要是高粱、红薯、玉米，搭配种植谷子、大豆等。由于生产条件落后，加上自然灾害频繁，粮食产量低而不稳，如小麦亩产仅 30 ~ 40 千克。二十世纪五六十年代，开展“农业学大寨”运动，大搞深翻平整土地及农田水利基本建设，农业生产条件得到初步改善，粮食产量有所提升。进入 70 年代后，大力推广先进技术及优良品种，全面实行科学种田，粮食产量显著提高。1972 年，全村粮食复种面积 2760 亩，总产 70.3 万千克，平均亩产 254.7 千克，其中夏粮 1540 亩，总产 34.4 万千克，亩产 223.4 千克；秋粮 1220 亩，总产 35.9 万千克，亩产 294.3 千克。到 1982 年，粮食复种面积 2727 亩，总产 96.4 万千克，平均亩产 353.5 千克；其中夏粮 1373 亩，总产 43.6 万千克，亩产 317.6 千克；秋粮 1354 亩，总产 52.8 万千克，亩产 390 千克；十年粮食复种面积减少 33 亩，总产增加 26.1 万千克，亩产提高 98.8 千克。广大农民丰收不忘国家，每年向国家缴纳公粮 13.5 万千克，余粮 4 万余千克。

小麦是陈砦村主要粮食作物，在粮食生产中面积和产量均占 50% 以上。中华人民共和国成立以来，陈砦村的小麦生产取得很大成效。中华人民共和国成立初期与 20 世纪 80 年代末相比，种植面积基本持平。小麦产量高低与生产条件变化有关，特别是品种更新换代是关键。中华人民共和国初期，种植小麦品种是杆细、穗小、粒少的冬性农家品种，耐旱、耐瘠、产量不高，如小白芒，也称小粒白，亩产仅 30 ～ 40 千克。1953—1958 年，引进南大 2419，徐州 438，碧码一号、四号等取代小白芒，小麦亩产突破百斤大关。1960 年后，引进阿夫、内乡 36 等品种，替代老品种，小麦产量显著提高。70 年代后水利事业得到发展，为解决高产与倒伏的矛盾，引进推广了郑引一号，替换了老旧品种碧码、阿夫麦，是 70 年代的当家小麦品种，使小麦亩产提高 1 ～ 2 成。80 年代，先后引进推广矮早 781 等杆粗抗倒、穗大粒多、耐水耐肥、产量高、抗灾力强的优质高产小麦品种，一是使小麦早熟 5 ～ 7 天，为解决“晚稻晚麦”难题发挥了重要作用；二是助推小麦产量不断提高，提升质量效益。总之，小麦良种更新换代，群众欢迎，政府满意。

水稻是陈砦村主要粮食作物之一，主要分布在村东低洼易涝地区，面积 800 余亩。历年水稻产量占秋粮总产的 2/3 以上，除按政策规定每年向国家缴纳公粮外，也是广大人民群众的主要口粮。提高栽培管理水平、推广高产优质品种是提高水稻产量、提升粳米品质的关键举措。20 世纪 60 年代中后期，陈砦大队开始试种水稻，主要品种是田边 10 号、新稻 6811，加之实行科学种田，水稻产量达 300 千克。80 年代引进推广花粳 2 号等新品种，并普遍推广湿润育植、旱育稀植等技术使水

小麦丰收

水稻丰收

稻产量大幅提高。90年代初，引进花梗6号及花梗2号原种，在采取“六改”技术措施的同时，强化水层科学管理，实行“潜水插秧、深水护苗、寸水分叶、中控晒田、后期干干湿湿、适时断水”等先进技术，使水稻增产显著。1990年，全村1000亩水稻，总产47.55万千克，亩产达475.5千克。

蔬菜生产 陈砦属城市近郊村，1952年开始种菜，并成立蔬菜生产专业队，菜田面积200亩，并建有土温室，主要用于蔬菜育苗。20世纪70年代，陈砦大队认真贯彻落实郊区为城市服务的方针，严格执行郑州市政府蔬菜生产指令性计划，坚持“以粮为纲、以菜为主”的原则，菜田面积发展到700多亩，成为郑州市蔬菜生产供应基地。当时，主要种植“大路菜”，如大白菜、白萝卜、大葱等。为保证市民冬季蔬菜供应，市政府提出：按每人大白菜25千克、白萝卜12.5千克、大葱5千克搞好冬菜储备。陈砦大队每年向市民提供冬储蔬菜150万千克。80年代开始，大力发展蔬菜保护地生产，蔬菜生产品种逐步向鲜、细、嫩方向发展。1985年，原金海区政府出台发展一亩蔬菜保护地补助500元的政策，陈砦村抓住大好机遇，共获得政府扶持5.7万元，占全区年总投资的76%，全村蔬菜生产保护地面积发展到500余亩，其中建立日光温室520个，塑料大棚（每个0.5～1亩）400多亩，全面普及小弓棚、地膜覆盖等栽培技术。保护地生

蔬菜大棚

产主要种植黄瓜、番茄、芹菜等。陈砦村黄瓜生产在郑州市有举足轻重的地位，每年向市场提供 100 余万千克。原河南省委副书记刘正威到经八路集贸市场考察时说："郑州市黄瓜价格由陈砦村调控和指导。"

蔬菜种植是陈砦村农业生产中的主要产业。为提高蔬菜生产效益，增加农民收入，菜农始终坚持"一靠政策、二靠科学"的原则，大力推广先进栽培技术，积极引进、更新品种，蔬菜生产效益逐步提高。特别是 20 世纪 90 年代初，郑州市政府结束秋菜三大品种指令性计划和"秋菜冬储"政策，放开蔬菜销售价格，使蔬菜生产逐步转化为市场调控。陈砦村菜农坚持"以市场为导向"，依据市民的需求，因地制宜，调整蔬菜种植结构，除种植黄心菜、小油菜、上海青、菠菜、空心菜等时令叶菜外，注重发挥保护地生产设施，大力发展番茄、茄子、豆角、芹菜及秋冬季叶菜和越冬圆白菜、菜花、早春黄瓜、西葫芦、苦瓜、佛手瓜等蔬菜的种植，对提高蔬菜生产效益、增加菜农收入发挥了重要作用。同时，按照《郑州市关于无公害蔬菜管理办法》，积极发展无公害蔬菜生产，为丰富郑州市"菜篮子"工程做出了积极的贡献。

陈砦村主要蔬菜种植情况统计表

表 13

蔬菜种类	栽培方式	育苗	播种期	收获期	亩产量（千克）
番茄	大棚早熟	温室	12 月中下旬	5 月上旬至 6 月中旬	4000 ~ 6000
	春早熟	阳畦	12 月上旬	5 月下旬至 6 月下旬	4000 ~ 5000
	春晚熟	阳畦	2 月上旬	6 月下旬至 8 月上旬	4000 ~ 5000
	夏番茄	露地	4 月上旬	8 月下旬至 10 月下旬	2500 ~ 3500
	秋番茄	露地	7 月中旬	8 月下旬至冬储	2500 ~ 3000
茄子	大棚早熟	温室	12 月上旬	5 月中旬至 9 月中旬	4000 ~ 4500
	早熟茄子	温室	12 月中旬	5 月下旬至 8 月中旬	3500 ~ 4000
	晚熟茄子	露地	4 月下旬	8 月上旬至 10 月下旬	4000 ~ 5000
黄瓜	大棚早熟	温室	1 月上中旬	4 月上旬至 6 月中旬	5000 ~ 10000
	小棚黄瓜	温室	2 月中旬	4 月中旬至 6 月下旬	3500 ~ 4500
	地膜黄瓜	阳畦	3 月上旬	4 月中旬至 7 月下旬	4000
	夏黄瓜	直播	6 月下旬	8 月上旬至 9 月上旬	2000 ~ 2500
	秋黄瓜	直播	7 月中旬	8 月中旬至 10 月上旬	2000
辣椒	小棚辣椒	温室	12 月上旬	5 月中旬至 7 月下旬	1750 ~ 2000
	地膜辣椒	阳畦	2 月上旬	6 月中旬至 8 月上旬	2000 ~ 2250
	露地辣椒	阳畦	2 月下旬	7 月中旬至 10 月上旬	2000 ~ 2250
菜花	春菜花	阳畦	12 月中旬	5 月下旬至 6 月中旬	1500
	夏菜花	露地	7 月上旬	9 月上旬至 10 月中旬	1500
	秋菜花	露地	7 月上旬	11 月	1500
	越冬菜花	露地	8 月上中旬	4 月中旬至 5 月上旬	2000
甘蓝	春早熟	阳畦	1 月上旬	5 月上旬	1500
	春甘蓝	露地	9 月下旬至 10 月上旬	5 月上中旬	2500 ~ 3000
	夏甘蓝	露地	6 月上中旬	8 月下旬至 9 月上旬	2000 ~ 2500
	秋甘蓝	露地	7 月上旬	11 月中旬	2500
白萝卜	早熟	直播	7 月中下旬	9 月下旬	2500 ~ 3000
	冬储	直播	8 月上中旬	11 月上旬	3500 ~ 4000
冬瓜	春露地	直播	4 月上中旬	8 月中旬至 10 月上旬	4000 ~ 6000
大白菜	露地	直播	7 月下旬至 8 月上旬	9 月中旬至 10 月上旬	4000 ~ 5000

续表 13

蔬菜种类	栽培方式	育苗	播种期	收获期	亩产量（千克）
菜豆角	地膜	直播	4 月上旬	5 月上旬至 6 月下旬	2000 ～ 2500
	春豆角	直播	4 月中旬	5 月下旬至 7 月上旬	
	夏豆角	直播	5 月上旬	7 月下旬至 8 月上旬	
	秋豆角	直播	7 月上旬	9 月上旬至 10 月上旬	
芹菜	大棚芹菜	露地	8 月上旬	2 月中下旬	3500 ～ 5000
	越冬芹菜	露地	9 月上旬	4 月中下旬	
	春芹	直播	3 月上旬	6 月中下旬	
	秋芹	露地育苗	5 月上旬	11 月上中旬	
葱	越冬小葱	直播	9 月上旬	3 月下旬至 6 月上旬	1500 ～ 2000
	春葱	直播	3 月上旬	7 月中下旬	1500
	沟葱	直播	9 月下旬	10 月上旬至 11 月下旬	3500 ～ 5000
胡萝卜	秋露地	直播	7 月中旬	12 月下旬	1500

畜牧养殖业 陈砦村历史上十分重视畜牧养殖，中华人民共和国成立前大牲畜及家禽全系分户散养，而且喂得起大牲畜的农户很少，饲养猪、羊的农户也不多，饲养鸡、鸭的农户较多些。小牲畜和家禽除调剂生活之外，剩余部分投入市场。土地改革后，农民的生产积极性大为提高，养殖业发展较快，大牲畜多以满足农民自己耕种农田需要，80% 的农户都饲养猪、羊、鸡。1953 年，由于生产关系变革，牲畜作价入社，实行集体合槽喂养，社员喂养猪、羊及家禽。1957 年，全村养奶羊 1000 余只，每天上市鲜奶 300 ～ 500 千克。1958 年后，政府大力号召发展养猪业，1960 年陈砦大队建起万头养猪场，由于自然灾害的影响，粮食歉收，饲料日趋紧张，给畜牧养殖业带来很大困难。1962 年后，为保障城市农副产品供应，政府实行生猪、鸡蛋等派购政策，特别是贯彻毛泽东主席提出的“一头猪是一个小型有机化肥厂”指示和落实政府提出的“一亩一猪，一人一猪”发展目标，1974 年陈砦养猪达 1300 余头，鸡、羊等养殖也得到长足发展，既为服务城市做出了一定的贡献，又增加了农民收入。

中共十一届三中全会后，实行家庭联产承包责任制，大牲畜又作价处理给农户。随着农村经济体制改革的不断深入和农业机械化程度的大幅提高，大牲畜养殖逐渐减少，猪、羊及禽类养殖业发展步伐加快，特别是不断引进、推广猪、羊及家禽良种，极大地提高了畜牧养殖业的经济效益，也激发了农民发展养殖业的积极性，涌现出一批家畜、家禽饲养专业户，并带动养殖业由分散向集约化发展。20 世纪 80 年代，全村养猪存栏达 2500 多头，年出栏 1000 头以上，养奶羊 2100 多只，每年向市场提供鲜奶 20 多万千克。

林果业 中华人民共和国成立前，陈砦村农民房前屋后种植一些林木、果树，多为绿化庭院及自产、自用。中华人民共和国成立后，毛泽东主席提出“绿化祖国”的号召，1954—1956 年，全村发展果园 600 亩，1965 年，陈砦大队建立林果业生产队，共 60 余户、150 多人，设果园、苗圃两块，并实行单独核算。

果园。面积 540 亩，主要果树为苹果树，品种有花锦、小国光、青香蕉等，还种植梨树 30 ~ 40 亩，共计 13750 株。通过果农实行品种更新及修剪等科学管理，果品产量、品质不断提升，年产各种鲜果达 75 万千克，绝大部分销往郑州市。

苗圃。按照上级要求，加大植树造林力度，各生产队都建立了苗圃，面积 40~50 亩，主要树种为杨树（毛白杨、加拿大杨、沙兰杨、大官杨）、柳树、桐树、榆树、椿树等。同时，还有各种果树苗 20 万 ~ 30 万株。根据大队的规划，林场每年出圃足量树苗，供应各生产队进行沟渠路旁及四旁（宅旁、村旁、路旁、水旁）绿化，全村共植树 11 万株。

随着农村经济体制改革，1975 年撤销林果业生产队，并分到各生产队管理。1983 年将果树分包到户、到人，1997 年收归村集体。由于发展商贸服务业及众多单位征地、占地，果树逐渐消失。

苹果丰收

◉ 工商业

大力发展工商企业是壮大农村经济、增加农民收入的主要途径。中华人民共和国成立前及初期，部分农户兴办编织坊、铁匠铺等各类小作坊，农业合作化及人民公社时期，大办农副产品加工厂、预制板厂、砖窑厂、建筑队等社队企业，对促进农村经济发展、提高农民收入起到一定的作用。20 世纪 80 年代中期后，陈砦村两委积极创办集体、个体及联营工商企业，为农村经济注入了新的活力。特别是进入 21 世纪，紧抓郑州商贸城建设的大好机遇，发挥城市近郊土地资源优势，村办各类大中型现代商贸服务企业迅猛崛起，推动了村域经济跨越式发展，农民阔步迈入富裕型小康生活。

副业与社队企业 中华人民共和国成立前及初期，陈砦村农民具有办小作坊增加收入的传统。如豆腐房、木匠铺、铁匠坊、榨油坊、磨坊、粉坊、编织坊等十多个小作坊，特别是清咸丰年间（1851—1861）传下来的陈敬泰香坊及东史赵的编织，陈砦村的铁匠、木匠在周边村庄乃至郑州市具有很高的知名度。农民采取有活就干、无活务农的办法，家庭副业为农户增加了收入。土地改革后，农民经济上得到改善，部分农民购买大牲畜和马车，在农闲季节经营运输业。农业合作化及人民公社时期，为转移剩余劳动力，增加集体经济收入，村集体办有砖瓦窑厂、装卸队及建筑队等。同时，逐步掀起了大办社队企业高潮。1975 年，大队及生产队办有黄河无线电厂、油漆厂、预制板厂、金属铸造厂、食品加工厂、木材加工厂、自行车配件厂等企业，共占地 98 亩，安排工人 300 多人。如郑州自行车配件厂，占地 23 亩，有工人 46 人，固定资产 20 万元，实现年利润 7 万～ 8 万元。通过大办社队企业，农民收入显著提高。如第二生产队，未办企业时每个工分的分值是 8 分钱，办企业后每个工分的分值增至一角二分钱。

现代商贸服务业 20 世纪 80 年代后，陈砦村地理、交通优势逐渐突显，村两委提出并坚持“农业为基础、商业起步、工业致富”的发展思路，村组办、联办、个体办工商企业大量兴办，全村兴办各类工商企业达 30 余家，1985 年，金属铸造厂年产值 100 万元，利润 20 万元；1992 年，消声汽车厂年产值 150 万元，利润 25 万元。特别是北三环路建成通车，为陈砦发展商贸服务业提供了交通优势。陈砦村认真贯彻落实中共金水区委、区政府《关于大力发展乡镇企业的决定》和《关于农村大力推行农村股份合作制的决定》精神，在大办工商企业的过程中，依据市场经济规律，对企业实施优存劣汰、适当重组等措施，并积极推进集体办企业向农民股份合作制过渡，增强了企业生命力、影响力。1993 年，集体企业产值 820 万元，1994 年，突破 2000 万元。同时，为将工商企业做大、做强，村委组建了陈砦北环实业总公司、陈砦蔬菜批发市场、郑州陈砦花卉交易市场、陈砦冷库、中原汽车交易中心、陈砦包装材料厂、北晨房地产发展有限公司等集体企业。按照政策通过加大企业改革、改制力度对解决集体企业产权不清、管理落后、机制不活、吃大锅饭等问题起到了积极的作用，促进了集体企业向规范化、集约化方向发展。1995 年，陈砦北环实业总公司拥有固定资产 3.2 亿元，年利润 2200 万元，向国家缴纳税金 150 余万元。

1996 年 6 月，中共中央总书记江泽民在河南视察时谈到大力发展乡镇企业的重要意义。陈砦村两委依据此指示精神确定“依城沿道、发展市场、服务城市、创造利润、强村富民、共奔小康”的发展规划，并制定了“一年打基础、两年上台阶、三年大发展”的发展目标，加大对现有集体企业实施重组及三化改造力度（即经营方式现代化、企业选择专业化、产品质量高档化），1997 年全村工商企业发展到 100 多家（含集体、个体、联办等），工农业总产值超亿元，实现了乡镇企业的再次创业。为营造村域经济发展的良好环境，1998 年后陈砦村实施农户承包土地反租倒包给村委会的重大举措，由村民组经营核算转为村委会统一经营核算，进一步推动土地适度规模经营，实现了 21 世纪村集体经济与村域经济发展再上新台阶，主要体现在四个方面：一是村集体企业壮大升级。以郑州陈砦花卉交易市场、陈砦蔬菜批发市场为主的大中型企业及陈砦冷库等集体企业，通过劣汰重组，实行承包责任制，企业的科技含量明显提升，规模不断壮大，效益逐步提高，2015 年村办企业总产值 88.5 亿元（交易额或营业额），向国家缴纳税金 1.38 亿元。二是入驻知名企业逐步增多。郑州思念食品有限公司是中国较大的专业速冻食品生产企业之一，思念工业园入驻陈砦，占地 400 亩，思念产品占全国 20% 以上的市场份额；杭州海洋世界有限公司在陈砦占地 30 亩，投资 2 亿元建成郑州海洋馆；欧凯龙旗下的欧凯龙家具馆、法国家乐福集团的家乐福超市、中国 500 强企业永辉超市等共 6 家知名企业在陈砦村落户，2015 年村域企业产值 78 亿元（营业额），向国家缴纳税金超亿元。三是村域各类商业店铺大量涌现。2015 年，陈砦村共有各类商业店铺 2090 家，就业人数达万人以上。四是村集体及村民租赁业空前发展。2015 年，全村租赁业总收入达 63531.13 万元，其中集体 4793.13 万元，村民 58738 万元。

2015 年陈砦村域各类商业店铺情况统计表

表 14　　单位：家

组别＼类别	饭店	百货	通信	洗理	医疗	网吧	宾馆	其他	小计
第一村民组	111	135	21	23	10	8	8	26	342
第二村民组	85	119	16	14	8	8	5	24	279
第三村民组	104	131	21	26	7	15	7	53	364
第四村民组	138	161	24	45	12	18	16	57	471
第五村民组	161	167	29	32	14	31	52	42	528
村庄外	11	22	4	10	5	4	2	48	106
合计	610	735	115	150	56	84	90	250	2090

◉ 租赁业

进入 21 世纪以来，随着郑州都市村庄改造及商贸城建设步伐加快，陈砦村域突显四个特点及优势：一是郑州城区快速向北延伸，加大各类市政设施建设力度，助推农村向城市化发展；二是北三环快速路建成通车及文化路、国基路延伸扩宽，推动货运及公交事业的发展，辖区交通优势进一步提升；三是入驻行政企事业单位众多，各类商业设施齐全，村域内高楼大厦林立，热闹非凡，有“中原小香港”之称；四是交通便利且租金较低，吸引众多市内打工者到陈砦居住，2015 年常驻外籍人口达 16 万余人。上述特点及优势，既为陈砦村发展租赁业奠定了基础，又为发展租赁业增强了活力。陈砦村两委及广大村民紧抓机遇、优化环境，大力发展各种形式的租赁业，对壮大集体经济和增加收入起到了重要作用。

集体租赁业　村集体租赁业主要是土地出租、建筑物及场地出租、企业承包。在实施租赁过程中，为防止争议等事件发生，承租方或承包方与村委会签订租赁或承包“合同”，明确双方责任及权益，规定租或承包年限、年租金及违约追究等事项。但是，多年来由于土地连年被征、企业不断重组及市场经济发展变化等诸多因素的影响，历年村集体租赁业收入变动很大，2001—2015 年，租赁业总收入 38132.17 万元，年均收入 2542.14 万元，最多 2012 年收入 4709.62 万元，最少 2002 年收入 102.21 万元。

集体租赁业收入资金主要用于投资新办村级工商企业，为经济发展注入新的活力；为村民发放生活福利，确保其生活水平不断提升；增加村内各项公益事业的投入，提高群众的生活质量。

陈砦村部分集体土地出租情况统计表

表 15

承租单位或个人	土地面积（亩）	租赁时间	年均租金（万元）
陈国亮	2.89	1993 年 9 月至 2013 年 8 月	2.3
陈根国	3.41	1997 年 1 月至 2016 年 12 月	2.05
陈雁鹏	4	1998 年 1 月至 2012 年 12 月	3.2
李大庆	1.25	1998 年 1 月至 2012 年 12 月	1
金水区交通局	4.3	1998 年 2 月至 2018 年 2 月	0.86
任新合	1.25	2000 年 1 月至 2014 年 12 月	1
陈小遂	1.25	2000 年 1 月至 2014 年 12 月	1
王玉杰	13.2	2002 年 1 月至 2021 年 12 月	18.4
郑州市第四十七中学（分校）	65	2002 年 1 月至 2021 年 12 月	91
姜老旺	6.67	2003 年 8 月至 2023 年 7 月	25.4
金水区政府	25.43	2004 年 7 月至 2016 年 6 月	25.43
陈超英	1.24	2004 年 2 月至 2018 年 1 月	1.12
赵　林	1.05	2011 年 6 月至 2016 年 5 月	6.3
李大庆	1.37	2011 年 6 月至 2016 年 5 月	8.2
张安生	2.25	2013 年 3 月至 2018 年 2 月	30

陈砦村部分集体建筑物出租情况统计表

表 16

承租人	建筑物面积（平方米）	租赁时间	年均租金（万元）
施春霖	289	2008 年 6 月至 2013 年 5 月	3.6
陈国岭	37	2008 年 6 月至 2013 年 5 月	3.6
赵　恭	54	2008 年 6 月至 2013 年 5 月	3.6
孙文杰	372	2008 年 1 月至 2018 年 12 月	5.5
赵丽军	205	2008 年 1 月至 2017 年 12 月	7.7
白占房	86	2008 年 6 月至 2013 年 5 月	3.6
孙文杰	300	2008 年 2 月至 2018 年 12 月	6
魏泉江	912.45	2010 年 3 月至 2030 年 3 月	6.4
陈雁鹏	943.4	2010 年 4 月至 2030 年 4 月	6.6
孟聚才	943.4	2010 年 6 月至 2030 年 6 月	6.6
陈晓兵	1129.4	2010 年 3 月至 2030 年 3 月	7.9
张安生	2070	2010 年 12 月至 2015 年 11 月	40
赵　恭	54	2014 年 6 月至 2019 年 5 月	3.9
陈国岭	37	2014 年 6 月至 2019 年 5 月	2.7
白占房	86	2014 年 6 月至 2019 年 5 月	6.2
王宣鑫	289	2015 年 3 月至 2020 年 2 月	31.2

陈砦村部分集体企事业承包统计表

表 17

承租单位或个人	企事业名称	租赁时间	年均租金（万元）
赵金宏	陈砦幼儿园	2001 年 3 月至 2006 年 2 月	36.27
杨长胜	家乐福超市	2004 年 5 月至 2024 年 5 月	700
郑州思念食品有限公司	陈砦冷库（部分）	2004 年 11 月至 2014 年 11 月	310
陈新海	郑州陈砦花卉交易市场	2005 年 1 月至 2019 年 12 月	338
陈伟强	欧凯龙北环路家具馆	2006 年 3 月至 2021 年 12 月	330
陈新海	陈砦花卉观赏鱼商场	2011 年 2 月至 2031 年 1 月	501
路隧峰	陈砦蔬菜批发市场	2011 年 12 月至 2032 年 12 月	1900
陈新有	郑州陈砦花卉交易市场（部分）	2012 年 1 月至 2016 年 12 月	140
陈国健	陈砦冷库（部分）	2012 年 6 月至 2016 年 12 月	239
赵桂玲	百花幼儿园	2012 年 9 月至 2017 年 8 月	30

村民租赁业 陈砦村民依据商贸服务业发达、区域人口剧增的特点，为营造良好的生活居住环境，大幅度增加收入，从20世纪90年代初开始，逐渐将低矮旧房改建为楼房，大力发展房屋租赁业。2015年全村有786户、3753人，总建筑面积161万平方米，其中多层（7层及以下）79.5万平方米，小高层（8～12层）46.2万平方米，高层（13层及以上）35.3万平方米。村民租赁业主要有住房、营业房及整楼出租三种形式。但因楼房位置、租赁时间等不同，各种形式的租金差异很大。如住房租金，按单间或标准间计算，月租金1995—2000年为60～100元，2001—2005年为150～160元,2006—2010年为300元左右，2010—2015年上升为500元以上。营业房租金，按200平方米左右计算，繁华地段年租金20万～30万元，背街小巷年租金仅5万～10万元。整楼出租租金差异更大，按3000平方米计算，文化路繁华地段年租金为80万～85万元，背街地段年租金仅40万元左右。据调查统计，2015年出租住房130.64万平方米、年租金49405.2万元；营业房15.18万平方米、年租金9332.8万元；上述两项合计收入租金58738万元，村民租赁业人均收入15.65万元，最低10万元，最高达30万元以上。

村民出租楼房

2015 年陈砦村村民房屋建筑情况统计表

表 18

组别	户数（户）	人口（人）	总建筑面积（万平方米）	其中		
				7 层及以下（万平方米）	8 ~ 12 层（万平方米）	13 层及以上（万平方米）
第一村民组	167	719	31	15.5	9.3	6.2
第二村民组	111	635	26	13	7.8	5.2
第三村民组	122	653	21	13.65	4.2	3.15
第四村民组	174	866	41	18.45	12.3	10.25
第五村民组	212	880	42	18.9	12.6	10.5
合计	786	3753	161	79.5	46.2	35.3

2015 年陈砦村村民房屋租赁业情况统计表

表 19

组别	住房总面积（万平方米）	年租金（万元）	营业房总面积（万平方米）	年租金（万元）	合计租金（万元）
第一村民组	25.4	9605.86	2.8	1680	11285.86
第二村民组	21	7941.65	2.5	1520	9461.65
第三村民组	15.56	5884.32	2.72	1131.2	7015.52
第四村民组	33.96	12843.17	3.52	2469.6	15312.77
第五村民组	34.72	13130.2	3.64	2532	15662.2
合计	130.64	49405.2	15.18	9332.8	58738

说明：计算方法，1. 户均自住房及出租营业房各为 200 平方米。2. 出租房标准间 16.5 平方米，月租金 650 元。3. 出租营业房年均租金 15 万元。4. 因房屋拆装、转租、调换用途等原因，出租率按 80% 计算

村民生活

中华人民共和国成立前，陈砦村民的收入来源主要有种植粮食收入、商业收入、打工收入，大部分村民收入微薄。中华人民共和国成立后，村民的收入逐渐增加。改革开放以来，村民的收入出现多元化，创业收入、房租收入、村集体发放福利收入等成为收入的主体。2000 年以来，随着外来人口的大量涌入，房屋租赁租金成为村民主要收入，2015 年人均租金收入达 15.65 万元。

中华人民共和国成立前，陈砦村民的消费项目主要是衣、食、住、行，食物、服装虽然占据消费的主体，但温饱问题始终没有解决。中共十一届三中全会后，村民的温饱得到彻底解决，并逐步向富裕型小康生活迈进。食物消费追求营养，以绿色食品为主，服装向高档、新潮发展，住房由瓦房、平房、两层楼发展到 8 层楼房，甚至 10 多层楼房，家中各种家用电器一应俱全，小轿车等进入一般村民家庭，有些家庭甚至有多辆汽车。2010 年以来，村民消费在衣、食、住、行得到充分满足的基础上，还向文教、养生等领域发展，村民用在文化消费、子女教育投资、个人养生保健方面的消费逐年增多。

昔时劳累苦中熬，吃住困乏风雨摇。今日楼高缘盛世，小康路上乐逍遥。

——刘瑞

◉ 村民收入

中华人民共和国成立前收入

中华人民共和国成立前，陈砦村民的收入来源主要有种植粮食收入、商业收入、打工收入。因生产技术落后等原因，大部分的村民收入不多，生活贫困。

粮食收入 在旧社会，陈砦村民的收入主要通过农业生产来获得，辛勤劳作后，每年夏季、秋季可以获得数量不等的小麦、玉米等粮食。因大部分村民土地少，加之粮食产量低，多数家庭每年收获的粮食仅勉强够吃。遇到灾荒时，则靠吃粮食加野菜、草根、树皮等度日。灾害严重时，村民则要背井离乡去逃荒要饭。

打工收入 陈砦村家庭贫困的村民没有土地或有很少土地，又无本钱从事商业买卖，生活难以维持。只得常年为有钱人家种地，获得粮食或钱物，此类打工者称“扛长工”（亦称扛把式）。有的人只在农忙时为有钱人家干活，称“打短工”。扛长工、打短工常受到有钱人家的虐待、打骂，出力、吃苦不少，所挣钱粮却不多。民间有“吃啥不种地，种地不吃啥”之说。

商业收入 民国时期，小部分陈砦村民开设手工作坊、药铺、小饭店等进行经营。另有少数村民为了养家糊口，农闲时从事一些小买卖，获取一些收入，以维持家庭生活。陈砦村从事商业经营活动的主要有东史赵的多家村民编馍篓、缸盖，陈砦陈文彩开办糕点房做点心，银匠杨铁头制作银饰，铁匠孙少禄开办铁匠铺，陈山水开办木匠铺，陈文钦开办药铺诊所，陈小群开办香坊，擅长杀猪的陈老章开办屠宰店，会磨豆腐手艺的陈敬玉开办豆腐坊。

这些村民凭借自己的手艺，从事经营活动，在满足附近村民生活、生产需求的同时，获取一些收益，比从事种地、打工的村民收入要高一些，从而较好地解决了自家的温饱问题。

中华人民共和国成立后收入

工分、工资收入　中华人民共和国成立初期，陈砦村民分得土地，实现了“耕者有其田”，村民以从事农业为主，收入主要为粮食。农业合作化时期，兴修了一些农田水利基础设施，粮食的产量有较大幅度的提高，村民的收入逐渐增多。人民公社时期，陈砦大队的粮食产量进一步提高，亩产接近 500 千克。村民的收入按照工分发放，一个劳动力最高 10 个工分，各生产队每个工分的分值在 0.05 ～ 0.15 元之间。一般家庭每年分红 300 元左右，少数分红多的家庭可达 600 元。

中共十一届三中全会后，陈砦村开始大规模创办集体企业，村民的收入出现多元化。既有农业生产的收入，也有在村办企业上班的工资收入，并且工资大大超过农业生产的收入。1990 年后，随着企业数量的增加，村民在村办企业的工资收入随之提高，每人每月达 1000 ～ 2000 元。2000 年以来，每人每月 2000 ～ 3000 元。

生活补贴、福利收入　1993 年，陈砦村开始向 60 岁以上老人每月发放 30 ～ 60 元的生活补贴。1995 年 3 月，规定凡户口在陈砦村并一直居住、生活在该村的村民，60 岁以后可享受生活补助。占地招工、接班上岗、农转非、下岗失业或被单位辞退、开除者，以及离休干部户口迁回陈砦村者，不享受陈砦村村民的补助待遇和各项福利。村民的二分菜田和四分粮田被国家和集体占用，每减少一分菜田每月补助生活费 50 元，每减少一分大田每月补助生活费 25 元。新婚迁入的村民 5 年内不享受村民待遇，5 年后按大田和菜田的平均标准补助生活费。新出生婴儿属于一胎的 5 岁前每月补助生活费 25 元，5 ～ 16 岁享受补助费的一半，16 岁以后与成年村民同等。对现役军人家庭，除乡政府发放的补贴外，村委会在“八一”、春节期间两次对军属进行慰问。对现役军人在部队立功者实行奖励，特等功奖 2000 元，二等功奖 1000 元，三等功奖 500 元。对逃兵和受刑事处分者取消其家人军属待遇。对人民公社时期以来的大队、小队，村、组干部任满 20 年及以上的每月补助生活费 60 元。此后，随着陈砦村经济的发展，每年向村民发放的福利及生活补助不断增加，多年保持稳中有升的趋势。

2012 年，陈砦村调整村民生活补助发放标准，规定 60 岁及以上者每人每月 1400 元，5 岁（或入户 5 年）～ 59 岁每人每月 1100 元，入户不满 5 年者每人每月 500 元。并为村里 60 岁及以上老年人每年做一次身体检查。

2013 年 9 月 28 日，陈砦村全体党员和群众代表讨论通过了村两委增加村民福利待遇的提议。新标准为 60 岁及以上老人每人每月 1600 元，5 岁（或入户 5 年）～ 59 岁每人每月 1300 元，入户不满 5 年每人每月 700 元；为村内 18 周岁及以上村民每年发放两次旅游费，每次 1500 元，全年共 3000 元。自 2014 年 1 月 1 日起，陈砦村为 60 周岁及以上老年人发放生日慰问费，具体标准是 60 ～ 69 岁 500 元，70 ～ 79 岁 700 元，80 ～ 89 岁 1000 元，90 ～ 99 岁 2000 元，100 岁及以上 3000 元。此外为独生子女户发放独生子女费，为老年人发放重阳节补助。

2014 年 1 月，村民生活费每人每月再涨 100 元，由 2013 年的每人每月 1300 元，增加到 1400 元。并给每人发放春节补助 6000 元。2015 年，陈砦村三委决定再次提高村民的福利发放标准，其中村民每人每月的生活费由 2014 年的 1400 元提高到 1500 元，旅游费增加至每人每年 4000 元。

2015 年陈砦村民生活费发放情况统计表

表 20

年龄段	人均金额
1 ～ 4 岁（或在陈砦入户 1 ～ 4 年者）	900 元 / 月
5 ～ 59 岁（或在陈砦入户 5 年以上者）	1500 元 / 月
60 岁及以上者	1800 元 / 月

2015 年陈砦村民福利发放情况统计表

表 21

项目名称	人均金额
18 岁及以上村民旅游费	4000 元 / 年
重阳节补助	1800 元
老人体检费	350 元 / 年

续表 21

项目名称	人均金额
老年人年终补助（过年费）	1800 元
村民年终补助	6000 元
妇女节慰问金	100 元
现役军人慰问金	2000 元 / 年
老党员、老干部春节慰问金	500 元
过庙会补助	2000 元

2015 年陈砦老人生日补助发放情况统计表

表 22

年龄段	人数（人）	人均发放标准（元）	总金额（元）
60 ～ 69 岁	235	1000	235000
70 ～ 79 岁	120	1500	180000
80 ～ 89 岁	44	2000	88000
90 ～ 99 岁	10	4000	40000
100 岁及以上	0	6000	0

租赁收入 1995 年前后，随着陈砦村域经济的发展，开始有人到陈砦村租赁房屋，每间房屋租金 50 元左右。2000 年后，陈砦村的区位优势日益显现，外来人口开始大规模涌入陈砦租房居住，每间房屋租金提高到 100 元以上。外来人口的增多、租金的提高，促使村民开始大规模修建高层楼房，以获得更多的租金。村里出现 10 层甚至 10 多层的楼房，租赁收入成为村民家庭的主要收入。因楼房位置、内部设施等情况的差异，房屋的租赁收入高低不等。据不完全统计，2015 年陈砦村平均每人年租房收入 15.65 万元。

人均收入 20 世纪 90 年代中期前，陈砦村民收入来源主要是粮食、蔬菜等农业生产，1978 年人均年收入 270 元，1995 年达 1850 元。1998—2001 年，村民收入主要是反租倒包给村委会的土地补偿款。2002 年，村委会开始向村民发放生活费，平均每人每年 2400 元。由于村集体经济的快速发展，村民生活费发放标准逐步提高。2007 年，每人每年突破万元，达 10620 元；2015 年，每人每年 3.2 万元，较 2007 年增加 21380 元。村民收入除村委会发放的生活费外，主要来源是家庭房屋租赁，2015 年，村民租赁业人均收入为 15.65 万元，加上村委发的生活费 3.2 万元（人均），人均收入达 18.85 万元。

◉ 村民支出

衣着 中华人民共和国成立前，陈砦村民生活比较艰难。在穿衣方面，衣服的布料多是自纺自织（或者请人加工），先用纺花车纺线，用木质的织布机织出土布（也叫粗布）。然后把土布裁剪、缝纫成衣服。

村民夏天穿白色、白底花道的短袖衣服居多，其余三季常穿灰色、黑色、青蓝色、深蓝色的衣服，年轻女性有穿红色、绿色的。上衣款式，多女的左偏襟、男的对襟，均为布扣，四季雷同。为了防暑，夏天多戴草帽。冬季寒冷，少数人穿棉袍（当时称大棉袄），右边开偏襟。为了头部保暖，男的多戴帽子，有的干脆勒一条白毛巾（俗称羊肚手巾）或粗布；俗话说："腰里束根绳，强似穿一层。"为了腰间保暖，冬季男子外衣腰间束有"褡包"（窄面独幅土布数尺、穷者用绳子）；为了腿部保暖，一些村民在裤腿上扎带子（俗称扎腿吊）。

一个家庭中，因缺少衣服，往往是大人的衣服不能穿了，就修改一下给孩子穿。大孩子不能穿了，再让下面小的孩子接着穿。故男女老少，不论上衣还是裤子，常常是补丁摞补丁。贫穷者冬天衣不蔽体，热天为省衣服干脆赤足、光膀。生活条件稍好的，也有穿平布、斜纹布等类衣服的，款式仍如布衣。大户人家则穿丝织品，各类土布、细布并用。一般会客、重要节日、办喜事时，多穿绫罗绸缎，摆阔气，讲排场。平时则穿各类平布、斜纹布。男的衣服款式多为长袍、马褂（短褂）、大衫（长衫），头上戴缎子面料的帽子或礼帽；女的多穿旗袍，戴金银首饰，穿绣花鞋。

织布机

中华人民共和国成立后，陈砦村民生活水平逐步提高，服装也随之发生了变化。由于棉纺织厂生产的布匹质量好、花色品种多、价格便宜，土布逐渐被淘汰。二十世纪五六十年代，男性普遍着蓝、青、灰、黑色中山装、青年服、军干服等，女性普遍是蓝、青、灰色列宁服，除夏季穿衬衫外，其余三季款式大致一样。

1954 年，布料供求矛盾变得突出起来，国家决定实行棉纱、棉布统购统销政策，凭布票购布，定量供应。由供销社实行棉布、棉花的计划收购和计划供应，向群众限量提供棉布。凭棉花购买证、购布票（20 世纪 60 年代初称布券或布票，后统称为布票）购买。做衣服时买棉花、布、棉织品（床单、绒毯、棉毛巾等）需要凭棉花票或布票才能购买。布票通常一年向每户发放一次，家里不能按人平均分配使用，需全家人统筹安排，看谁最需要做衣服就集中买布给谁做。有时需要量增大，布票不够用，还要向亲戚朋友东挪西凑。1961 年 3 月，国家对包括毛巾、袜子、背心、棉布等在内的 10 种棉织品实行限量供应，是年 10 月，河南省商业部门制定了民用棉布定量标准。每人定量发布票 2 市尺 9 寸（96.7 厘米）。“文化大革命”初期，村籍红卫兵多着绿色军服（很大一部分为自制的军装），广大青少年都以此为荣，形成“绿军装热”“军帽热”。广大民兵、退伍军人以及“不爱红装爱武装”的青年女子也大都喜欢穿军便装。20 世纪 70 年代初期，化纤纺织品出现，逐步代替了一部分棉织品。陈砦社员穿化纤纺织品的逐渐增多。其间曾一度有过用日本产尿素袋做衣裤的风潮。

20 世纪 80 年代后，陈砦村男女服装从衣料、款式到颜色都发生显著变化。衣料先是涤纶、涤凉、涤卡，后盛行“毛、呢、绸、缎”或“毛、棉、化纤混纺”等，棉布衣服越来越少。春秋季节，男性中青年爱着浅色西服，女性中青年穿的西装上衣，花色、款式远远超过男性服装，小学生春秋逐渐盛行着校服。村民冬季穿羽绒服者越来越多，不分男女老少，普遍喜爱。夏季服装男性款式变化不大，上衣为长、短袖衬衫，下衣为制服裤、西式短裤。中青年女性爱穿各种裙子，如连衣裙、西装裙、百褶裙、喇叭裙、筒裙、背带式连衣裙等。老年妇女多着中式上衣，布料为丝、绸、麻等。

2015 年，随着陈砦村民生活水平的提高，服装的品种越来越多，档次也越来越高。很多年轻人买一身衣服花费近千元甚至数千元，买一双鞋则数百元甚至千元以上。

饮食 中华人民共和国成立前，“吃糠咽菜”是陈砦村民长期饮食情况的缩影。村民平时多吃一些高粱、小米、红薯等粗粮，逢年过节时才能吃上白面馍。村民加工粮食一般用石磨、石碾、碓窑，加工出的粮食粗糙，面糠混杂。遇到灾年，因粮食不多，只得吃糠、麸、豆饼、野菜等。灾情大的年份，只得吃野菜、树叶、草根。一些村民为了活命，不得不到处逃荒要饭。

中华人民共和国成立初期，陈砦村民分得土地，党和政府对穷困户及时进行救济，实现人人有饭吃，逃荒要饭的现象大量减少，但吃的仍不宽裕，仍以粗粮为主。

1955 年 8 月 25 日，国务院全体会议第十七次会议通过《市镇粮食定量供应凭证印制暂行办法》，各种粮本、粮票（含细粮券、粗粮券）、油票、肉票等粮食票证进入陈砦村民的生活。陈砦村民外出吃饭，离开粮票无法购买，粮票一度被称为“第二货币”。

粮票分全国通用粮票和地方粮票两种。前者是城乡居民外出到其他省、自治区、直辖市时，购买粮食或粮食制成品的凭证，在全国城镇和农村通用；后者仅限本省居民在所在区域内购买粮食或粮食制成品或在饭店就餐时使用。全国通用粮票流通范围广，较之地方粮票“高出一等”。

中共十一届三中全会后，农业生产得到进一步发展，小麦、水稻等产量逐步增加。1993 年，粮食价格放开，取消粮票，不再流通。陈砦村民可大米、白面任选，随意购买。

在吃的品种方面，陈砦村民多以面食为主食。面食种类繁多，有馒头、油卷、烧饼、烙饼、油条、包子、饺子、面条等。面条又分汤面、卤面、捞面、烩面、浆面条等。陈砦村民一般早饭、晚饭吃稀饭、馒头、咸菜、豆腐以及各种自制豆酱、小菜、生调凉菜等。午饭是每天最重要的一顿饭，主要为米饭、捞面条、馒头和饺子，吃汤面时一般配以馒头类耐饥食物作为补充。几乎每顿饭都有肉、蛋类菜肴。陈砦村民星期天、节假日全家人常会相聚，改善生活，午饭常有五六个菜，并有水果、饮料、酒等。

富裕起来的陈砦村民在饮食上特别注重绿色、营养，注意饮食的科学搭配。因水果富

碓窑

河南省细粮券粮票

全国通用粮票

含各种维生素、氨基酸，有益健康，故不少家庭每天备有水果。并且很多家庭有饮茶的习惯，春夏饮信阳毛尖、西湖龙井；秋冬饮各类红茶、茉莉花茶等。因吃的精细食品较多，造成营养过剩。陈砦村里的“胖子”逐渐多了起来，一些村民（尤其是年轻女性）为了保持体形，常常参加健身运动，以达到减肥的目的。陈砦村民饮食的支出占家庭支出的比例由中华人民共和国成立前的 80% ~ 110%（超过 100%的指长期靠借债、借粮生活的家庭）降至 2015 年的 20% ~ 30%。

居住　中华人民共和国成立前，陈砦村民房屋一般为草顶土坯墙，木质房梁，门窗狭小，室内昏暗，几个人睡在一张床上，人均住房面积仅 5 平方米。部分农户由于房屋搭建简陋，雨天屋内常漏雨，需要用盆罐接水。往往是几代人住一所房屋，几十年甚至上百年依旧如此。部分大户人家盖有瓦房，属住房条件较好，但也多是里生外熟（即里坯外砖）。

中华人民共和国成立后，村民翻身当家做了主人，生活条件得到逐步改善和提高。村民大部分住上蓝砖或红砖垒砌的砖墙房子。砖墙比土墙抗雨淋，牢固了许多。

20 世纪 60 年代后期，陈砦村民的居住条件得到很大改善，房屋普遍得到翻新、改造，居住面积和房屋质量得到提高和改善。70 年代，红砖蓝瓦房、红砖红瓦房，一式三间、五间的瓦房和预制板平房得到普及。为了便于采光，房屋的窗户逐渐大起来，大部分是二开或三开的玻璃窗扇，使整个房间显得宽敞、明亮。室内开始用涂料粉刷，显得干净、整洁、美观。

1986 年，陈砦村一些农户开始建二层楼房，住房条件得到进一步改善，人均住房面积 50 平方米，多出的空余房屋，多租给外来务工人员。村民充分利用所处地理位置的优势，

陈砦村以前的红砖房

居民小区

修建更多的楼房，除家人居住外，其余的用以出租，获取一些房租收入。二层楼房普及后，一些农户开始修建三层楼房。房屋种类也逐渐增多，有单面房、双面房（中间有走廊）。90年代，为了向外出租房屋，村民开始建四层、五层楼房。为满足租户的不同需求，村民的楼房建有标准间、一室一厅、两室一厅、三室一厅、三室两厅等。因建的房屋较多，陈砦村民人均住房面积达80平方米。

陈砦村民自建的高层楼房

2015 年，陈砦村民家中多修建有 10 层左右的楼房，并出现带电梯的 10 多层高楼。不少家庭人均住房面积达 500 多平方米。房间的门全部安装暗锁，窗户由铝合金或塑钢制成，安装玻璃和纱窗，室内装饰也日趋现代化，室内墙面有的用内墙钢化涂料粉刷，地面都铺设美观、洁净的地板砖或地毯，室内卧室、卫生间、厨房以及水电设施一应俱全。

出行 中华人民共和国成立前，陈砦村民出行绝大多数是步行，少数富人出行则靠穷人为其驾马车，有时也雇人抬轿。有钱人家外出办事也走不远，最多到开封、洛阳等地。穷人多在家里、地里忙着干活，没有时间和心思外出，仅在春节期间，有几天不兴做活，村民们就步行到附近的景点或郑州城里看看，散散心。农历正月十六这天，陈砦村有“游六儿”的风俗，外出的人很多，带上干粮进城逛街，饿了就吃干粮，当天去当天回，基本上不花钱。

陈砦村民的自行车牌

中华人民共和国成立初期，虽然陈砦村民生活水平有了提高，但村民外出仍然以步行为主。6 路公交车开通后，一些村民偶尔乘车到郑州城里，到人民公园、百货大楼等处游玩，外出多带干粮，中午买碗丸子汤、面条等配着干粮，凑合吃一下，晚上回家再好好吃饭。

20 世纪 60 年代后，陈砦村民开始使用自行车作为交通工具。因自行车供应不足，10 个工业分才能买一辆自行车，买到后自行车要挂牌照，车前要打上钢印。谁家买辆自行车，谁能骑上自行车出行，常常让周围的人羡慕不已。因自行车稀少，能显示身份，一些年轻人结婚时常用自行车把新娘接回家。80 年代自行车在陈砦得到普及，家家都至少有一辆。1981 年开始，有个别人购买摩托车，村民常骑自行车、摩托车到城里或黄河滩、黄河桥、邙山等处游览，因生活已较为富裕，外出不再带食物，中午在景区饭馆吃饭，点几个菜，要点主食，仍是往返用一天的时间。90 年代，陈砦村企业发展迅速，陈砦村开始出资组织村民到开封、洛阳、登封、安阳等地旅游，一般外出 3 ～ 5 天，乘长途汽车去，在当地中低档宾馆食宿，平均每人每天花费几十元钱。

进入 21 世纪，随着陈砦村集体经济的发展，村委会为了开阔村民视野，游历祖国的大好河山，多次拨出经费组织村民到各地旅游，如组织全村 18 岁及以上的村民大规模地到青岛等地旅游，让很多没有见过大海的人，能够和大海亲密接触。几年下来，全国各地的多个革命纪念馆、名山大川都留下陈砦村民的身影，大家在游览中增长了见识，愉悦了身心。一些村民也根据自己的情况有计划地到国内外各景点游览。每次外出，每人少则花费几千元，多则上万元。

2000年前后，面包车、小轿车等汽车逐步进入村民家中。村民买的小轿车少则10多万元，多则100多万元，村民上班、购物、办事、旅游多开着私家车出行。随着小轿车在陈砦村民家庭的普及，村中形成一股旅游热。很多村民独自或几户结伴开着自己的私家车到各地游览。时间长了，很多村民几乎到过全国各地的景点，甚至到过多个国家。

为了让村民能够更加自主地外出游览，陈砦村委会每年分两次把旅游费用直接发给村民，由其自由支配。去哪里游览，去多长时间，和谁一起去，全部由村民自己决定。随着经济的发展，发放的旅游费用逐步提高。2015年，村里向每位成年村民每半年发放旅游费2000元，全年共4000元。

2015年陈砦村各村民组汽车情况调查表

表23

村民组	户数（户）	拥有汽车数量（辆）	总价值（万元）	汽车入户率（%）
第一村民组	167	157	2606	98.13
第二村民组	111	129	1743	121.70
第三村民组	122	104	1806	85.25
第四村民组	174	178	4226	102.89
第五村民组	212	172	4209	86.87

陈砦村民的私家车

食盒

家具 中华人民共和国成立前，陈砦大户人家的家具较为高档，普通村民家里仅有一些简易木质床铺、桌子、椅子、箱子，以及一些饭锅、面缸、食盒、水缸、瓦坛、罐子等。

中华人民共和国成立后，较为高档的大衣柜、双人床等在村民家中逐渐得到普及。20世纪80年代初期，村民家中开始有电视机等家用电器。村民谁家购买一台黑白电视，全村都感到新奇，很多村民会去共看一台电视。三五年后，黑白电视得到普及。1995年，陈砦村民家中普遍有彩电、洗衣机等家用电器。2015年，全村100%的村民家购买有各类高档、新颖的组合家具，电脑、空调、冰箱等家用电器一应俱全。

2015 年陈砦村各村民组家用电器数量调查表

表 24

组别 / 家电	第一村民组		第二村民组		第三村民组		第四村民组		第五村民组		全村合计	
	167户	719人	111户	635人	122户	653人	174户	866人	212户	880人	786户	3753人
电视机	324 台		252 台		261 台		328 台		452 台		1617 台	
冰箱	207 台		146 台		174 台		205 台		220 台		952 台	
变速自行车	141 辆		115 辆		121 辆		168 辆		186 辆		731 辆	
洗衣机	215 台		144 台		240 台		203 台		211 台		1013 台	
名表	47 块		36 块		46 块		7 块		15 块		151 块	
电脑	175 台		122 台		139 台		191 台		212 台		839 台	
空调	424 台		344 台		357 台		449 台		491 台		2065 台	
电梯	27 部		26 部		24 部		49 部		86 部		212 部	

说明：电视机多户超过两台，空调仅统计村民自住房间

村民家中室内陈设（一）

村民家中室内陈设（二）

文教 随着生活水平的提高，陈砦村民日益注重文化消费。很多村民家中订有《大河报》《郑州日报》《河南商报》《东方今报》等报纸。更多的村民喜欢买书，在客厅或卧室摆放，使家中显出几分文化气息。通过阅读书报杂志，了解国家大事，学习文化知识。村中的年轻人经常到电影院看电影，或到卡拉 OK 歌厅唱歌，每人每次 50 元左右，个别追星族甚至花数百元去购买明星演唱会的门票。

2000 年以来，富裕起来的陈砦村民特别重视教育消费。家长普遍有望子成龙、望女成凤的愿望。为了培养孩子，很多家长加大教育投资。他们从娃娃抓起，为孩子报各种培训班学习知识、技能。所报的培训班主要有舞蹈班、书法班、钢琴班、美术班、作文班、奥数班、英语班、武术班等。每个培训班收费从几百元到数千元不等，很多家长还为孩子报多个班。在孩子周六、周日放假时，带着孩子奔波于各个培训班中，往往是周六上午学习书法，下午学习武术，周日上午学习奥数，下午学习英语，孩子忙得团团转。报几个班的家庭一年费用少则几千元，多则几万元。虽然花费较大，但家长们却毫不心疼，总觉得只有这样孩子才能“不输在起跑线上”。陈砦儿童通过在各种培训班的学习，涌现出多个小书法家、小舞蹈家、小武术家等，使陈砦各领域人才辈出，后继有人。孩子长大后，一些家长把孩子送到重点学校学习，除了日常费用外，还有一些别的费用。有些家长甚至把孩子送到美国、英国、德国去读书，费用更高。

养生 随着生活水平的提高，陈砦村民逐渐对健康养生重视起来。很多人花费数千元甚至数万元在健身房办有年卡，定期健身。此外，练习各种健身舞和瑜伽的村民也不少。有些村民则干脆花费数万元购买健身器械，在家锻炼。

一些老年人为了健康长寿，特别重视中医养生。除了每天坚持散步等轻微运动外，还经常学习有关养生知识，每年花费数千元购买各类滋补品、保健药品。

为了满足村民的需要，陈砦村开办有多家健康养生会所，提供各种健身养生服务。陈砦村民成为其重要的顾客群体。

特色文化

陈砦村历史悠久，文化底蕴深厚。历史上建有火神庙、关爷庙、土地庙、奶奶庙等8座庙宇。民国时期涌现出赵金有、陈敬堂等说书、豫剧表演艺人，村域文化活动在郑州北郊一带负有盛名。中华人民共和国成立后，陈砦村组织陈砦剧团、秧歌队、舞狮队等民间文化组织，多次参加郑州市、金水区参加文艺会演，并获得多个奖项。

陈砦村素有尊师重教之风，清朝村里办有私塾，民国时期办有陈砦小学。中华人民共和国成立后，陈砦小学发展势头良好，为村域培养出大批人才。学校的被动式太阳能教学楼为河南第一、全国第二，联合国教科文组织曾派人到此考察。村里还涌现出四代教师之家。

陈砦村民为抗击土匪袭扰，习武之风较浓。清朝、民国时期出现多个习武之人，他们为民除害，在当地很有影响。中华人民共和国成立后，陈砦村重视体育事业，1999年举办陈砦村第一届农民运动会，在郑州一带引起轰动，此后多年坚持举办，活跃了村民的体育生活。2004年，村领导倡议成立陈砦自行车协会，经过多年努力，被河南省骑行协会命名为“河南省直骑行协会陈砦队”，从而发展成为一支省级自行车队。

物质精神相益彰，发家不忘振文强。
闲来敲起丰收鼓，喜借舞姿夸小康。
——郭新玲

◉ 村域文化

民间文艺

陈砦村民间文艺历史悠久，人才辈出。明清时期，陈砦村就有说书艺人。民国时期，陈砦村有陈敬堂创办的陈砦戏班，陈老六、赵粪妞组织的舞狮队。此外，陈砦村的赵金有、赵粪妞、张山妞等说书艺人远近闻名。其中赵金有德艺双馨，到全国多个省表演节目，享誉各地。1940 年，他邀请各省艺人到陈砦举办全国性的“三皇说书艺人大会”，影响深远。

中华人民共和国成立初期，陈砦成立了陈砦剧团。人民公社时期，成立了毛泽东思想宣传队。改革开放以来，随着陈砦村民物质生活水平的提高，文化生活的需求也随之提高。为了丰富村民的文化生活，陈砦村组织秧歌队、舞狮队（队长陈自顺、陈老国）、盘鼓队（队长赵桂玲）、腰鼓队等为村民表演，丰富了村民的文化生活，受到一致好评。此外，村里还有村民自发组织、表演广场舞、旱船、高跷的文艺团体。平时大家集中学习、排练，在春节、元宵节等节假日期间为村民表演，现场常常是人头攒动，摩肩接踵，热闹非凡。陈砦村的秧歌队等文艺团体，每个队有队员数十人。多次代表陈砦村参加郑州市、金

舞狮队

盘鼓队

水区、庙李乡（后为庙李镇、丰庆路街道）组织的文艺会演，并获得多个奖状、锦旗。

豫剧 民国时期，陈砦村的陈敬堂创办陈砦戏班，以表演豫剧古装戏为主，在农闲时为村民演出，很受村民欢迎。因名气大，除了在陈砦演出外，也时常受邀到郑县（现在的郑州市）周边的荥阳、密县、中牟等地，为多个村庄的民众表演。

中华人民共和国成立后，在陈砦戏班的基础上成立陈砦剧团。陈敬堂任教练，演员有陈秀兰、李小群、陈山林、孙连玉、任淑英、任喜来、陈坤山、王淑爱、邵秀英、陈国顺、赵爱莲、赵海秀。司鼓为陈自恭，司弦为赵金箱、赵书文。陈砦剧团在表演传统豫剧的基础上，编排了很多新剧目，以宣传党的方针、政策，反映农民翻身后的幸福生活。表演的剧目主要有《罗汉钱》《背后抽剑》《寡妇改嫁》等，内容不一，风格各异，艺术水准较高。

人民公社时期，陈砦剧团解散，陈砦大队在原陈砦剧团的基础上成立文艺宣传队、毛泽东思想宣传队。在农闲、节日期间为陈砦大队的社员表演文艺节目，宣传毛泽东思想和党的方针、政策，活跃社员文化生活，很受社员欢迎。

陈砦村秧歌队表演

秧歌 中华人民共和国成立后，陈砦开始组织秧歌表演，规模较小，仅有几个人。改革开放后，陈砦的秧歌表演逐渐兴盛。为了丰富广大村民的文化生活，陈砦村投资 3 万多元创办秧歌队，购置较为齐全的设备。还特地从外地请来了专业的老师任教，队员达 60 多人。表演时一般手持彩绸、彩扇或手帕，多用锣鼓伴奏。舞时人数可多可少，场地随意，队形灵活多变。秧歌分以扭为主的小秧歌和以跳为主的大秧歌两种。陈砦秧歌队的队员经过认真学习、排练，逐渐掌握了各项表演技能，秧歌表演

文艺演出后队员合影留念

成为陈砦村年节庆典的助兴文艺节目。

2003 年 1 月 14 日，陈砦秧歌队第一次参加金水区秧歌大赛，即获得第一名的好成绩，引起轰动，被传为佳话。成绩面前，队员们不骄不躁，在当年 2 月 10 日参加郑州市举办的第五届民间文艺大赛上，经过激烈的角逐，陈砦秧歌队获得特等奖。

舞蹈 中华人民共和国成立初期，为了表演节目，陈砦村民学习一些简单的舞蹈，大都属于民族舞，在重要节日表演，因规模小，仅为其他演出节目的点缀。改革开放以来，陈砦村民学习舞蹈者增多。很多家长为孩子报有舞蹈班，主要学习交谊舞、国标舞、探戈等舞蹈。很多孩子在学习中逐渐对舞蹈产生浓厚的兴趣，并学有所成。姚静雅便是其中的佼佼者。她通过认真学习，苦练基本功，舞技提高很快，多次参加各类舞蹈比赛并获奖。其中 2014 年在由世界舞蹈总会理事单位举办的 2014 YDDTA “恒峻杯”国际标准舞城市公开赛中荣获儿童组（A 组）一等奖。2014 年 7 月，在由河南电视台公共频道等单位举办的河南电视台首届中原青少年艺术节中荣获一等奖。

进入 21 世纪，陈砦村民中的一些中年妇女开始跳广场舞。爱好者每天集中在北环路与信息学院路交会处东北角的广场上活动，每天 20 ~ 50 人不等。一般晚上 7 ~ 9 点，播放音乐开始跳舞。为了规范表演，广场舞爱好者自费购买统一服装，使舞蹈场面更加协调、优美，成为一道靓丽的风景。

姚静雅获得的奖杯

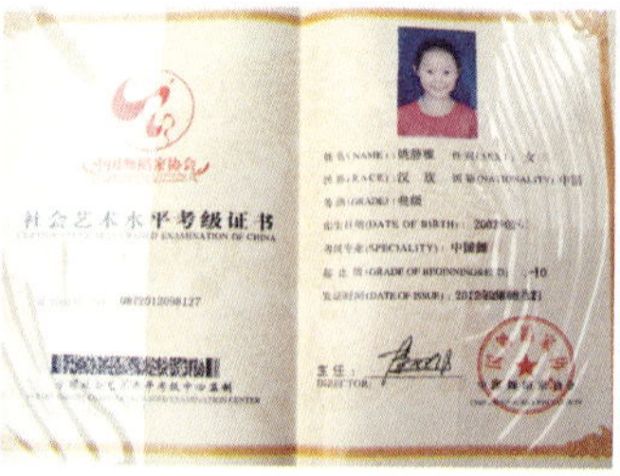

姚静雅获得的证书

陈砦村民在跳广场舞

万村书架工程 2000年前后，全国多家出版社特意为广大农村编辑出版多部结合农村特色，重点为农民服务的图书，以充实广大乡村的书架，后来此项工程被称为万村书架工程。这些书具有实用性强、价格低、通俗易懂等特点，适合农民购买、阅读、使用。

图书室的杂志

陈砦村设有图书室、阅览室，有图书1000余册种、报纸杂志10多种。书籍由村委会拨专款购买，主要为村民服务。村民可以办理借书卡，凭卡借书。

图书室的报纸

2001年，陈砦村决定实施万村书架工程，以充实村图书室的图书。陈砦村党支部、村委会高度重视此项工作，提高到“以培养有理想、有道德、有文化、有纪律的新型农民为宗旨，始终坚持以科学的理论武装人，以正确的舆论引导人，以高尚的精神塑造人，以优秀的作品鼓舞人”的高度。计划通过购书，充分发挥图书的育人作用，全面提高村民素质。接着，村两委又把这一工程当作提高村民素质、加强社会主义精神文明建设的大事、要事来抓。要求实行“三个结合”：一是与农民文明、学校教学相结合；二是与农民科技致富相结合，农民需要什么技术，就聘请专家讲授什么技术，买什么图书，提高农民的科学文化素质，帮助其尽快脱贫致富；三是与创建文明

图书管理制度

图书室的书柜

村相结合，为创建文明村服务。

因为购买图书需要大量的资金，陈砦村两委在解决万村书架资金方面，采取“村里拿一点、个人集一点”的办法。一方面积极筹措资金购买书籍；另一方面动员党员、干部、村民代表、共青团员积极捐款。最后，陈砦村两委为万村书架工程投资 3 万多元，加上捐款，共购书 1000 多册，使村图书室藏书达 3000 余册。其中多为提高村民理想道德的励志书，也增加了能教村民致富技能的技术类图书。

购书工作结束后，为了切实发挥图书的作用，陈砦村图书室制定了《阅览室制度》《图书管理制度》《图书室卫生制度》等各项制度，配备了专（兼）职管理人员，做到借阅、送还有登记，保证图书档案资料齐全。因图书室书籍门类齐全，尤其致富类书籍实用性强、可读性强，村民爱书、看书的热情大为提高。

文物古迹

陈砦村历史悠久，长期有村民在此生活、生产，留下了众多的文物古迹。主要有火神庙、关爷庙、土地庙、奶奶庙等 8 座古庙，以及古树、古墓等。

火神庙 建于清朝，由陈砦、庙李、东史赵 3 个村集资兴建，占地 60 亩，为陈砦村域最大的庙。庙院由火神庙、天爷庙、奶奶庙 3 部分组成，统称火神庙。其中天爷庙坐北朝南，面积最大。天爷庙两旁配有奶奶庙、火神庙。配房的火神庙雕梁画栋，供奉有火神爷塑像，附近各村庄的村民多到此参拜，香火最为旺盛。因来的人很多，逐渐形成每年正月二十九的火神爷庙会。民国初期，参拜者逐渐减少。后来彻底废弃，房屋因

关爷庙示意图

破败而倒塌，原址成为一片空地。

关爷庙 建于清朝初期，供奉有三国时期名将关羽。前来参拜的村民较多，香火旺盛。1928 年冯玉祥主政河南时，为破除迷信，发展教育，提高百姓素质，把各村的庙宇改成学校。于是，关羽塑像被搬出正屋，开办陈砦小学，使陈砦村很多农家子弟能够就近上学，成为陈砦教育事业的摇篮。中华人民共和国成立后，陈砦小学继续在此开办。因校舍破旧，进行过几次整修。1996 年，陈砦小学搬走并入文化路第三小学。

土地庙 建于清朝时期，庙内供奉着土地爷、土地奶。时常有村民到此参拜，以求全家平安。民国时期，逐渐荒废，庙舍破败不堪，在一次大雨后房屋倒塌。因没有再建，原址成为一片空地。

奶奶庙 建于清朝，庙内供奉着老奶奶，慈眉善目。相传老奶奶的作用类似送子观音。常有很多青年夫妻到此参拜，以求生儿育女。中华人民共和国成立后，奶奶庙作为封建迷信的产物被拆除。

皂角树 位于陈砦村民陈自善家中，此皂角树的树龄有 100 多年，被列入郑州市人民政府古树名木录中，挂牌加以保护，保护号为 C743 号。为了保护此树，在村民争相盖楼房出租，每年租房收入几十万元的情况下，陈自善坚决不同意家人在院内盖楼房。一家人一直居住在民国时期所建的老房子里，使树的枝干能够很好地生长。他家每年也因此蒙受了重大的经济损失。作为陈砦村保存下来的树龄最大的古树，每年很多人到此观看。陈自善保护古树的事迹也被多家报社、电视台等媒体报道。

古树保护牌

陈自善夫妇

古墓 1971 年，陈砦大队社员在土龙岗东南部平整土地。在掘土时，发现地下有一古代墓地。为了保护古墓，大队干部通知文物部门前来处理。

文物考古人员打开墓地的棺材，发现内有铜锅、镂花镶铜珐琅罐、铜钱、铜镜等文物。后经认真研究检测，判定此墓为一汉朝中期的贵族墓，墓主姓名无考。相关文物全部被带回文物部门加以保护、研究。

◉ 村办教育

中华人民共和国成立前，陈砦村虽然办过私塾、小学，但上学者仅富户子女，绝大多数村民贫困，上不起学。全村仅有几个初中生，上私塾、读小学者占全村适龄儿童总数亦不足 5%。

中华人民共和国成立后，陈砦村根据郑州市人民政府的安排，办农民扫盲班解决农民识字问题；上级派来公办教师管理陈砦小学，使孩子们上初小（小学一至四年级阶段）不出村。1993 年兴建百花幼儿园，此外，为彻底解决村里孩子们上中学的问题，村里免费支援郑州市第四十七中学 8 亩地，使孩子们不出村享受高质量的中学教育。至 2015 年，村域内有幼儿园 5 所、小学 2 所、中学 1 所，村两委又高瞻远瞩，制定了教育奖励制度，使学龄儿童、青少年上学把读书作为追求，上学热在陈砦骤然兴起。至 2015 年，全村有大学生 357 人，占全村 3573 人的 9.99%。

百花幼儿园 中共陈砦支部、陈砦村委会坚持“百年大计、教育为本”的理念，于 1993 年投资 500 万元在郑州市北三环路与中方园路交会处建百花幼儿园。幼儿园初建时有教学班 6 个，教职工 20 余名，可容纳幼儿 200 名左右。

陈砦百花幼儿园

1999 年全体教师合影

2001 年，因北三环路扩宽改造，陈砦村两委马上研究，决定投资 700 万元将幼儿园由北三环搬迁至陈砦村北二街 501 号，规模比原来规模扩大一倍。新幼儿园占地面积 5385 平方米，建筑面积 2767 平方米，设备齐全，符合国家规定标准。共用室外的幼儿游戏场地远大于规定的 2 平方米 / 生，生均占地面积符合国家规定要求。幼儿园有标准的学习场所、生活用房、音体舞蹈室、保健室、隔离室、资料室、教师及园长办公室。每班都配备有符合幼儿年龄特点和卫生要求的桌椅，并有开放式的玩具架、图书架等设施。

幼儿园教学、活动、休息等各项设施齐全，幼儿日常一人一巾、一杯；游戏材料、玩具，完全满足保教活动需要；幼儿活动室、卧室均配有空调，能满足冬、夏两季使用；厨房具有符合要求的房间和现代化炊具，炊事设备齐全；幼儿园的消防、灭火设施一应俱全，符合消防要求。2003 年，经郑州市人民政府教育督导室、郑州市教育局批准，升级为郑州市二级幼儿园，正式更名为郑州市金水区陈砦百花幼儿园。2015 年，有教学班 12 个，教职工 40 余名，幼儿 360 余名。

陈砦小学　1947 年，柳林乡公所在陈砦原关爷庙办小学，校长丁宝善（马李庄人）。1950 年，陈砦小学设 1 ~ 4 年级，称初级小学。高级小学（5 ~ 6 年级）要到郑县第六小学（柳林小学）或庙李小学就读。1958—1959 年，陈砦初级小学全部合并到庙李小学。那时候师生吃住在校，免费就餐。1963 年，小学搬到陈砦南一街与南二街之间。1964 年，陈砦初级小学开始设五年级，翌年有六年级。1969 年，陈砦小学开始设有七、八年级，亦称戴帽初中。同时贫下中农吴根成、赵金有、赵长明进驻学校，并开始管理学校。1986 年，村两委投资 50 多万元建被动式太阳能教学楼两层 34 间，可容纳 10 个教学班。每个教室都是六个角，在全省、全国引起轰动，属河南第一、全国第二，前往参

师生高兴地在被动式太阳能教学楼前

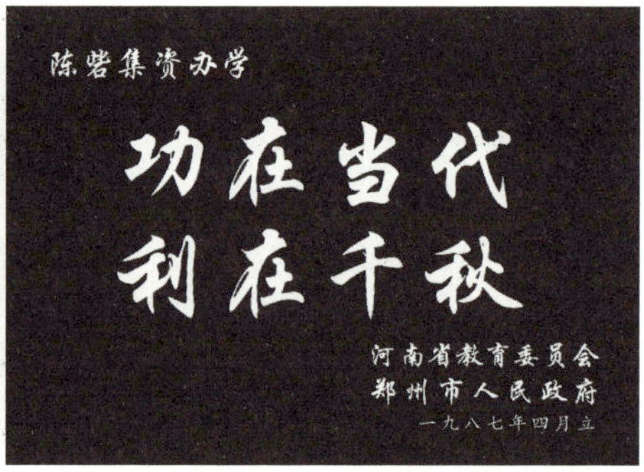

河南省教育委员会、郑州市人民政府奖碑

观、考察、学习者络绎不绝，是年 4 月河南省教育委员会、郑州市人民政府曾立碑奖励。联合国教科文组织曾派人到此考察。

郑州市金水区政府教育体育局为解决小学生入学难题，一直想在文化路与北三环交会处建一所小学，但因经费短缺，难以落实。1995 年年初，金水区政府、教育体育局领导找到陈砦村党支部、村委会商议建小学事宜时，村两委对此高度重视。他们立即召开支部会、村民代表大会和大家商议建小学之要事。大家都认为办学校是件好事，乃千秋大业，决定以每亩让利 20 万元仅以 10 万元的价格将村南 35 亩土地给区教育体育局建文化路第三小学，等于陈砦村支援建文化路第三小学 700 万元。教体局很受感动，当场答应陈砦适龄儿童以后全部到文化路第三小学就读。1996 年，在博颂路新建的文化路第三小学落成。此后，陈砦村适龄儿童到文化路第三小学就读，享受和城市儿童一样的教育。至此，陈砦村结束了自办小学的历史。

1947—1996 年，陈砦小学历任校长（负责人）有 14 位，他们是丁保善、王自产、何延庆、马魁、王树新、曹其运、吴国儒、常好善、王正、许松岳、王增祥、张合岭、李兴旺、陈美兰。

陈砦奖学金制度　为了鼓励陈砦学子努力学习，让陈砦村多出人才，更好地为国家做贡献，1998 年，陈砦村民代表大会通过《陈砦奖学金制度》，决定对陈砦籍考上高中、大学和出国留学者给予奖励。具体奖励规定：1. 考上高中奖学金 1000 元，农业类中专奖学金 1000 元；初中毕业考上小中专（初中起点，3 年制中专）奖学金 1500 元，高中毕业考上大中专奖学金 2500 元。2. 考上国家重点大学：本科奖学金 2 万元，专科奖学金 1.5 万元。3. 考上省级大学：本科奖学金 1.5 万元，专科 1 万元。4. 考上一般地方大学（社会办学）本科奖学金 1 万元，专科 7000 元。5. 出国留学：高中奖学金 5 万元，大学奖学金 7 万元，研究生奖学金 8 万元。6. 获得学位：博士后奖学金 10 万元，博士奖学金 9 万元，硕士奖学金 8 万元，学士奖学金 7 万元。7. 在国外获得同等学位者奖学金再增加 50%。

《陈砦奖学金制度》实施以来已初见成效，村里上大学者不断增加。据不完全统计，至 2015 年，全村有大学生 357 人，占全村人口 3753 的 9.99%。其中出国留学生 10 人，博士、硕士研究生 24 人，本科生 149 人，大专生 174 人。其中，佼佼者有：陈璐，英国曼彻斯特大学土木工程学博士，先后任中国建筑科学研究院中国建筑技术集团设计三所建筑工业化小组组长、中国建筑第七工程局高级经理（D2 职级）；陈展，哈尔滨工程大学博士学位，海军某部中校。

教育世家 陈砦村有一户人家，四代人有九名教师，大家都尊称其为教育世家。该家是村里老私塾先生陈敬忠家。

陈敬忠，出生于清光绪年间（1875—1908），受“万般皆下品，唯有读书高”思想的影响，从小在本村私塾读四书五经。学识使他懂得，只有读书才能传承中华文化，才能强国富民。他长大后在自己家办私塾，当塾师先生。中华人民共和国成立前，村里的文化人大多是他的弟子、学生。

陈家第二代受父亲的影响有五名教师：陈敬忠的长子陈丙炎、长子妻崔自芳、次女陈淑梅、三女陈淑秀、四女陈美兰。陈丙炎毕业于郑州师范学校（现郑州师范学院），先后在郑州市第二十三中学、郑州郊区二十铺小学、五龙口小学、老鸦陈小学等学校任教，系小学高级教师。由于他教学成绩突出，曾多次荣获郑州市郊区、金水区优秀教师称号。崔自芳婚前读过私塾，婚后在公立学校读书，回村后在陈砦任民校教师兼夜校教师，1958 年任村幼儿园教师。陈淑梅 1959 年毕业于郑州师范学校，在郑州市上街区幼儿园、上街区小学任教，小学高级教师，多次被评为上街区优秀教师。陈淑秀毕业于郑州市第十一中学，先后在老鸦陈人民公社民办中学、郑州市第三十四中学任教，中学高级教师，曾多次获郑州市优秀教师、模范班主任等光荣称号。陈美兰毕业于郑州市第二十六中学，任过陈砦小学民办教师，1987 年被聘任为陈砦小学校长，小学高级教师，郑州市先进教育工作者，在她的领导下，陈砦小学被评为郑州市先进教育单位，受到中共郑州市委、市政府的表彰。

陈家第三代有两名教师：陈敬忠的孙女陈慧敏、孙媳柴华。陈慧敏大专学历，文化路第三小学教师，曾荣获学校及金水区优秀教师、骨干教师称号。柴华毕业于郑州师范学校，陈砦百花幼儿园幼儿教师，多次被评为优秀幼儿教师。

陈家第四代有一名教师：陈敬忠的曾孙女陈雨佳。受家庭影响，陈雨佳自幼就立志做一名人民教师，最终考入信阳师范学院。毕业后，被郑州市第七十五中学录用，终圆教师之梦。

◉ 民间体育

陈砦武术 清朝时期，陈砦一带时有匪患、兵祸。为护村保民，减少祸害，陈砦村的习武之风较盛。村民所练的多是拳术、剑术、刀术、棍术，出现陈运妞、孟永泰等多个在当地有影响的习武之人。相传陈运妞善于使用三节棍，曾把作恶多端的“沙糖鬼”痛打一顿，使其再也不敢出来祸害百姓。

民国时期，陈砦兴起民间组织“红学”，请老鸦陈村武师陈士红任头领，招收青年参加“红学”习武。为保证参加者专心练武，规定只收未婚者。东史赵村的赵文义（赵维义）、赵承梅、赵德运、赵同庆、赵遂群，陈砦村的陈长筹、陈敬泰、陈敬宗、陈敬汉、陈秋成、陈宝印等 20 余人加入。他们经常在一起学习武术理论并训练，其中一项基本功为用拳头打树，时间长了能把一些树的树皮打烂。经过多年的刻苦训练，这些村民逐渐掌握了一些拳术、棍术，功夫较为深厚。他们通过练武，保卫村庄。有关他们的故事很多，在郑州北郊一带广为流传。

有一次，赵文义到郑州城北柴火市场卖秫秸，受到当地几个小混混的欺负。他们蛮横地不让赵在此摆摊，赵文义见苦苦哀求不行只好动手。没有几个回合，就把那些小混混打倒在地，半天才爬起来逃走。此后他再去卖柴火，就没人敢欺负他了。赵后来到开封打擂，与全省的武林高手过招。虽然没有获得名次，仍被村民给予好评。

1944 年春，郑县第二次被日军占领后，一个小队的日军在陈砦驻扎。日军中有个武功较高的士兵为了炫耀，硬要找来几个村民和他摔跤，陈砦的多个村民均被他摔倒在地。看着日军趾高气扬的神情，赵同庆气愤不过就主动上前去和那个士兵较量，最终把他摔倒在地。不料，那个士兵不服输，要求再比试比试，赵同庆就奉陪到底，又把他摔倒了几次，直到让他心服口服。

是年夏季的一天，陈士红过生日，陈砦村的陈长筹等几个徒弟到老鸦陈村前去拜寿。吃完午饭后，因天热难耐，几个人就到老鸦陈村西边的索须河洗澡。过了一会儿，

3 个日军也来洗澡，他们下水后蛮横地想把陈士红等人赶走，双方遂发生争执。骄横的日军见几个手无寸铁的农民竟敢顶撞他们，便在水中拉开架势要动武。陈士红让徒弟退后，自己拿着一把芭蕉扇上前迎战 3 个日军。没有几个回合，日军便被功力深厚的陈士红打得晕头转向。最后，陈士红用芭蕉扇猛拍日军头顶，3 个日军便昏倒在水中。因多次目睹日军暴行，大家担心日军醒来后会报复，几个徒弟便把拍昏的 3 个日军按到水中。接着众人没动日军的枪支，急忙逃离现场。后来大批日军来到河边，见岸上的枪支、衣服摆放整齐，水中的日军没有外伤，便认为是溺水身亡。日军就捞起尸体运走，不再追究。

中华人民共和国成立后，因匪患彻底消除，社会安定，陈砦村练武者逐渐减少。改革开放以来，随着村民家庭的逐渐富裕，一些家长为了让孩子强身健体，在学校放寒假、暑假期间会把孩子送到武术培训班学习。陈砦村出现多个武术培训学校，涌现出蓝丽霞等武术教练。孩子们虽然年龄小，却对武术很感兴趣，练起来刻苦、认真，产生王婧一（女）等多个小武术家。他们在拳术、器械方面均有不凡的表现，多人次在各类武术比赛中获得奖项。

陈砦农民运动会 中华人民共和国成立初期，陈砦村的体育运动多在青少年中开展，中老年人很少参加。改革开放以来，随着生活水平的提高，陈砦村中老年人开始重视体育锻炼，以达健身长寿的目的。陈砦村的中老年人根据自己的身体条件，选择适合自己的运动项目，自发地组织起中老年健身活动。因时间较为充足，中老年人逐渐成为体育运动的主体。

王婧一在表演武术

1998年，陈砦村党支部、村委会为了发展体育事业，增强村民体质，为全村各年龄段村民提供展示体育水平的舞台，决定以后每年组织一届村民运动会。经过认真筹备，1999年在陈砦村办公大院成功召开陈砦村第一届农民运动会。陈砦村第一届农民运动会设篮球、乒乓球、跳绳、象棋等项目，参赛队员全部为18周岁及以上村民。要求参赛者服从裁判指挥，尊重裁判意见，注意安全，友谊第一，比赛第二，每人只准参加一个比赛项目。此运动会成为郑州市最早由农民举办的运动会，受到各界好评。此后，陈砦村坚持每年举办一届，广大村民积极参加，活跃了村民的体育生活。

2003年2月，陈砦村两委在陈砦文体活动中心举办陈砦村第五届农民运动会。为了开好运动会，村两委出资1万元聘请裁判，购买奖品；为了加大运动会的宣传力度，村两委成员放弃春节休息时间，积极组织村民报名，使参加运动会的村民高达600人（其中女性占65%），人数之多，为前几届运动会人数之最。运动会设有跳绳、踢毽、乒乓球、台球、篮球等6个大项。因村领导高度重视，村民积极参加，使该届运动会成功举办，丰富了村民的节日生活，成为村民热议的话题。

2005年2月，陈砦村两委在陈砦文体活动中心举办陈砦村第七届农民运动会，800余村民参加。设置的项目有男子篮球、台球、乒乓球、象棋、女子乒乓球、跳

2003年篮球赛

台球比赛

乒乓球比赛

绳、踢毽子，使广大村民通过运动会度过了一个欢快的春节。运动会也让村民聚在一起，提供了交流、学习、联谊的机会。经过大家的共同努力，第七届农民运动会成功举办。

2006 年 2 月，为进一步丰富村民的文化生活，营造健康、文明、积极向上的文化氛围，陈砦村组织年龄 18 周岁及以上的村民举办为期 3 天的陈砦村第八届农民运动会。设置的比赛项目主要包括篮球（5 个队）、乒乓球（男女队）、台球（男子，在第一村民组赵进才家二楼）、象棋（男子）、女子跳绳（每分钟跳 50 个以上）、女子踢毽（踢毽 20 个以上）等。广大村民踊跃报名，积极参加，共 918 人报名参加，参加人数之多，为

陈砦村组队参加丰庆路街道第九届艺术节

历届人数之冠，比赛现场热闹非凡。因人数太多，陈砦文体活动中心原来的场地显得明显不足，有些比赛项目只好分散在村民家中举办。

陈砦村通过举办农民运动会，丰富了村民的生活，提高了村民的身体素质，使体育运动在陈砦村得到普及。每届运动会中涌现出的很多村籍体育名人，时常成为村民热议的中心人物。这些体育名人成为陈砦村参加丰庆路街道文体艺术节的主要人选。他们凭着在陈砦运动会上积累的经验，在赛场上奋力拼搏，取得多个好成绩，为陈砦村争得荣誉。

陈砦自行车协会　随着生活的富裕，陈砦村民健身的人日益增多。2004 年，在陈砦村党支部、村委会的倡导、支持下，陈砦村的几个村民自发成立陈砦自行车队，队长赵保文，副队长吴学文。成立初期，只有几个队员，全部为中老年人，以骑行健身为主。骑自行车出行低碳环保，强身健体，要求门槛低，技术上简单易学，很多村民开始加入。为了促进陈砦自行车队的健康、规范发展，陈砦村两委给予大力支持，多次组织队员参加各级政府举办的公益活动和比赛，通过和同行的接触、交流，大家开阔了眼界。一些队员通过骑自行车旅行，能够欣赏到比乘汽车更加真切、优美的景观，并且增强了身体素质。这些优势促使村民纷纷加入，队员人数很快突破百人。随着人数的增加，为了便于管理和对外交流，陈砦自行车队更名为陈砦自行车协会。

陈砦自行车协会作为较为专业的自行车健身组织，会员们多自费购买质量高、性能好的专业自行车和头盔等装备。一般每辆自行车重 8 ~ 16 千克，价格在 3000 ~ 10000 元之间，个别较贵的 2 万元左右。骑上这些专业自行车，速度较快，骑行者体力消耗少。会员组团外出活动，一般日行 100 千米左右，日骑行里程最多的一次为从河南郑州到山

参加活动后合影留念

协会会员展示骑艺

西陵川，里程达 254 千米。

2006 年，陈砦自行车协会组团参加安阳市老年骑游展示大会，他们精彩的表演，获得阵阵掌声，受到各界好评。是年，为了欣赏黄河沿岸的风光，陈砦自行车协会会员 23 人从郑州黄河大坝出发，一路向东北骑行，最后骑行到黄河入海口。此后，陈砦自行车协会参加过郑（郑州）开（开封）大道开通仪式上的自行车方队表演，还参加每年的全国百城市业余自行车赛郑州赛区的比赛，成绩显著，受到普遍好评。随着规模、影响的不断扩大，陈砦自行车协会受到河南省骑行协会的关注。2012 年根据上级的要求，“陈砦自行车协会”更名为“陈砦自行车俱乐部”，后更名为“河南省直老年自行车队”“河南省直骑行协会陈砦队”等，实现了一个村级骑行组织向省级骑行组织的华丽转身。

2013—2015 年，河南省直骑行协会陈砦队连续 3 年参加全国自行车拉力赛郑州“列风杯”赛，同时代表陈砦村参加郑（郑州）开（开封）健身骑行活动，人数最多时达 500 多人，并参加每年由郑州市体育局组织的万人健走健骑活动。2015 年，为了学习焦裕禄精神，组织 60 多名队员专程骑行到兰考焦裕禄纪念馆学习。

截至 2015 年年底，河南省直骑行协会陈砦队有队员 600 多人，年龄覆盖老中青各年龄段，最大的队员陈自文 70 多岁，年龄最小的为几个年仅 12 岁的五年级学生。队员骑行最北到达漠河北极村，最东到达丹东鸭绿江大桥，最南到达海南，最西到达西藏拉萨。

整装待发的队员

队员风采

2001 年陈砦村民参加文体活动

风土民情

千百年来，一代又一代陈砦村民在这块土地上繁衍生息。在生活中，以其勤劳和智慧孕育出独特而鲜明的风俗习惯，主要有婚嫁习俗、生诞习俗、丧葬习俗、节日习俗、庙会习俗，以及一些民间禁忌等。这些习俗多具有一套完整的流程、仪式，内容根植于中原地区，具有典型的中原特色，但在一些具体细节上又富有陈砦村域特色，充满乡土气息。陈砦村民在日常生活中还形成了一些富有村域特色的方言、土语、谚语等，其中一些土语地域性强，只有陈砦村民能听明白其含义，外村人到此常常是一头雾水，真正是“三里不同调，十里不同音”，丰富了郑州一带的语言内容。

中华人民共和国成立后，一些婚丧嫁娶的风俗，随着社会的发展也发生了变化。主要是去掉一些含有迷信色彩的习俗和一些烦琐的内容，使一些习俗变得简化、实用、雅致。

虽为乡俗，常含大雅；纵然土气，却蕴真情。
——郭增磊

◉ 婚嫁习俗

1949年以前，陈砦村婚嫁大多是讲究“门当户对”的包办婚姻，完全遵循“父母之命，媒妁之言”，故有“嫁鸡随鸡，嫁狗跟狗，嫁根扁担抱着走”的说法。中华人民共和国成立后，婚俗虽随时代不断变革，但基本习俗、传统文脉依然得到延续。

说媒　1949年以前，男女快到结婚年龄时，父母得准备彩礼，为儿女寻亲说媒，也有媒人登门提亲的。经了解双方门当户对、父母又同意时，就会请算命先生或私塾先生按照双方生辰、属相合“八字”（生时农历年、月、日、时辰天干、地支的八个字），若“大相”“八字”，无相冲、相克，两家就可以联姻。

1950年，《中华人民共和国婚姻法》颁布，废除封建婚姻，父母不再包办儿女婚姻。婚姻自由、自主，有亲戚朋友介绍对象的，也有自谈恋爱找对象的。

订婚　订婚亦称“走书儿”或“传契儿”。订婚要择定良辰吉日，男女双方互换庚帖，亦称年庚帖子。订婚前要先下庚帖，互换庚帖以表示向其求婚或愿意订婚。订婚时，男方要写订婚文书即订婚契约，俗称“书儿”或“契儿”。“书儿”即订婚证。“书儿”大多用红色的纸、绢书写，一般宽 31 厘米、长 42 厘米，上写“男女双方生辰八字，何时何地举行订婚仪式，最后有订婚人、媒人、证明人的签字和盖章”。有的像现时的奖状。

订婚时，男女要互赠礼品，作为“信物”。男方要给女方彩礼、衣服布料、金银首饰等。女方则只向男方回赠些小礼物。订婚这天，男方要写“书儿”、宴请媒人等。因喜宴必吃大鲤鱼，故“吃大鲤鱼”后来成为订婚宴喜酒的别称。订婚年龄有的偏小，甚至有三五岁订婚的，人称“娃娃媒”；更甚者，两家关系好“指腹为媒”的也有。

中华人民共和国成立后，文明订婚，婚事从简，常通过暗（偷）见面、小见面，双方没意见，一大见面就算订婚了。

大见面，是介绍人和女方父母、哥嫂、叔伯等领闺女前往男方家里，男方设宴招待，要给女方买衣服，送彩礼。彩礼随生活水平的提高由几十元增至到百元、千元、万元。此时，男女恋爱关系正式确定，即订婚。以后，逢年过节男女就可以互相往来了。

结婚

结婚仪式虽随时代变迁有所变化，但均有一定的程序：

“看好儿” 1949 年前，男方请乡绅、教书先生或算命先生根据男女双方生辰八字选定良辰吉日，称“看好儿”。把选定的结婚吉日写在红纸上，称“好儿”。“好儿”内容：结婚时间，娶时面向何方上车、下车，忌哪三相（属相）。中华人民共和国成立后，吉日择定新旧皆有，新吉日有“五一”、“十一”、元旦等或双日子（四、十四、二十四除外）。

送“好儿” 送“好儿”也要选好日子，一般前半年结婚是农历二月二，后半年是农历六月六送“好儿”；后也有选农历双日子送“好儿”的，但避四。把“好儿”装进用红纸糊的信封内，放红木匣里，再放两棵艾（取爱之吉利儿），装入钱带；带上礼品（糕点、喜糖等）、压“好儿”袄、压“好儿”钱（百元、千元、数千、万元不等）。由男方父亲（或男方直亲长辈、年长者）送女方家中，并同女方父母或长辈面商结婚具体事宜。

过（送）嫁妆 嫁妆多为女方准备，后也有男方安置的。嫁妆随生活水平而变，以前有钱人家也仅有桌、柜橱、一对椅子而已。中华人民共和国成立初期则多为大立柜、高低柜、三斗桌、一对椅子。60 年代有陪送《毛泽东选集》和铁锨的，美其名曰："结婚就是要更好地革命、好好学习、好好干活"。70年代改成一套家具带沙发，富者另加三转（手表、缝纫机和自行车）一响（收录机）。80年代有写字台、梳妆台、两机一箱（彩色电视机、洗衣机、电冰箱）。90年代又有摩托车了，如今还有陪送汽车、一套房的。过去嫁妆在结婚前一天或结婚当天早晨送婆家，婆家"封礼"（拿钥匙者"封重礼"）并设宴招待。现多买好嫁妆就摆放在婆家，结婚那天随婚宴一起宴请运送嫁妆的人。

从前过礼用的食盒

过礼 结婚当天早晨，男方两人到女方家送礼称过礼。以前是抬大食盒，第一格装白面，第二格装粉皮、海带若干，第三格装糕点，第四格装礼条（即猪条肉）若干千克，食盒上面放全藕一对，大葱两棵（都用红线绑住），此外还要抬一坛酒（穷人仅装四或六斤）。有的是扤着篮，礼品和过去大同小异，只是更贵重些。

娶亲 娶亲之日，男方准备酒宴，张灯结彩，"双喜"字贴大门口，众亲朋好友前来祝贺，喝喜酒，热闹非凡。

1949年前，娶亲用花轿，后改用大车（木轮马车、胶轮大车），车上搭花席篷，忌用驴拉车（据说驴是鬼）；中华人民共和国成立初期有秧歌队娶、送亲的。"文化大革命"中用自行车娶、送亲；七八十年代用拖拉机娶亲；20世纪末期，用多辆豪华小轿车娶亲，新娘坐的轿车还扎成花车。

娶亲时男方有娶女客（从前1人，现2人、4人），每个娶女客带1个小孩儿，另有放炮者等若干人；女方有送女客（需是娶女客的一倍）、小孩儿、送男客，连同运送嫁妆的均需双数。

新娘上车（轿）前，要盘头、穿婚纱、蒙"盖头"、鞋底贴红纸，用罗圈椅抬着上车（轿），名曰"不沾娘家土"。

车（轿）到新郎家门口时，新娘下车（轿）前先给厨师封礼，由厨师醋激烧红的犁铧围着花车（轿）转一圈，说是"避邪""驱邪"，现改成放鞭炮绕花车（轿）一圈。新娘下车（轿）后，脚要踩着红布（或蓝布）行走，有的踩布袋（布袋对口铺地）。同时，撒喜钱（由 9 个小钱和铡碎的谷草、麸皮混在一起），撒新娘和两个搀扶人（妇女）的头上、身上。行至大门前，大门两旁预先放两把谷草（中间夹鞭炮，外拴金、银铂），进门时点燃谷草、鞭炮，名曰“崩臊气”；二门门口放一马鞍，马鞍下放秤，新娘跨过，称“骑马过乘（成）”；新娘一进二门，小姑（新郎的妹妹）立即将杼、秤、铜镜交给新娘，由新娘捧至天地桌前，插入盛满麦子的斗内，再将斗内的一撮香、两支红蜡烛点燃。

婚礼 新郎、新娘在司仪的安排下，一拜天地（向“香桌”叩头），二拜高堂（新郎的父母亲），夫妻对拜……入洞房。“文化大革命”中，婚礼是新郎、新娘向毛主席像三鞠躬，向父母三鞠躬，新郎、新娘对拜（三鞠躬），向众亲邻好友三鞠躬，以示感谢。近几年娶亲还要一套“结婚照”，请摄像师、司仪，录制婚礼全过程，制碟子，留作纪念。婚礼更郑重、热闹。

仪式结束后，宴请亲朋好友，从前多在家宴请，进入 21 世纪后，大都在上档次的饭店宴请。宴请同时新郎、新娘入新房（洞房）。新郎揭去新娘的“盖头”，然后开始“上头”（即梳头）。“上头”由两个已婚的妇女把新娘的发辫解开，改梳成纂子，插上钗、环、簪、花等。梳头者一边梳，一边说或念唱：“一梳金，二梳银，三梳儿女成群。四梳骡马成大群”或“照头一木梳，儿女成嘟噜”等。再把新娘的红领衫挂在门上说：“红领衫高挂起，一年头上得大喜。”“上头”完毕，搀新娘入新房。之后，新郎、新娘要为宾朋敬酒，主要宾朋封“见面礼”。因旧时青年男女结婚前从没有见过面，晚饭要吃“见面席”，吃“见面席”乃第一次见面。新郎、新娘坐正席位，两把椅子要用红绳系在一起。

婚后认亲 婚后第三天早饭后，新娘由婶子或嫂子陪同，先向祖宗牌位叩头拜祖宗，再向长辈、公婆叩头；然后新郎、新娘一同上坟叩头拜祖；最后到本宗族各家去，向长辈叩头认亲，长者则给新娘封礼钱，名曰“磕头礼”。拜祖后，新郎陪同新娘回娘家，名曰“认亲”。新娘的父母设宴招待女婿和女儿。这一天新娘不能回家晚，说是晚了会想瞎婆婆的眼。

◉ 生诞习俗

做九 做九，是婴儿来到世间的第一个盛大节日。母婴平安到了第九天，等于是顺利闯过第一关，可喜可贺，于是摆宴庆贺，称为做九。一般男孩第十二天做九，女孩第九天做九。陈砦一直盛行此俗。后来，做九不一定非要放在第九天、第十二天，选择吉利日子即可。进入21世纪，做满月九、百天九、半岁九、周岁九者均有之。

定了日子，亲戚朋友要备礼前往祝贺，礼品有给产妇的米、面、蛋、糖之类，有给婴儿的衣、帽、被、毯之类。婴儿姥姥家是主客，人多礼也多，所有礼品皆用红纸、红绳包扎束裹，用笆斗或木制三层（或四层）食盒盛放分装。女客多进里间看望母婴，并给婴儿封“见面礼”。近几年，多以钱代礼。

主人家待客亦格外恭敬，宴席丰盛，必有面条，取其“长”生之意，称之“喜面条”。客人走时主人回赠红鸡蛋、喜糖、挂面等。近几年多到大饭店设宴做满月九，答谢宾朋。

过生儿 过生儿，即过生日。以前，富人家的小孩儿或特别娇的小男孩儿第一次过生儿要剃头留“鸡头”“羊尾”。每年生日时，带上“锁”（一绺白线串上3或6个平钱——圆形方孔的旧铜币）向老灶爷、奶奶庙的老奶奶“上供”、磕头。至12岁生日，姥姥家给买只羊，名曰“完锁”。有干大（干爹）的要带上礼物到干大家“完锁”。“完锁”后剃去“鸡头”“羊尾”，并把十二年锁的线捻成腰带给孩子系腰上，就算锁住了，说是这样孩子能成人。近几年，生活水平提高了，有的小孩儿每年过两次“生日”，称“阴历生儿”“阳历生儿”，长者还给压岁钱。青壮年人的生日也比过去讲究，多以酒宴庆之。

祝寿 祝寿，也称庆寿、贺寿。按民俗，祝寿多从60岁开始。有些老人做寿不从60岁开始，而是从66岁开始。但是，尚有父母健在者，只过生日，不祝寿。大多老人庆祝66岁大寿，因为这个年龄，占了两个6字，象征“六六大顺”，老人和晚辈一般对此都很重视。陈砦有“六十六，闺女给爹妈割块肉”的习俗。

年逾花甲的老人过生日这天，子女或亲朋间的平辈、晚辈多备礼物前来祝贺。礼物必有面条、蛋糕，谓之“寿面”“寿高（糕）”，其余不拘；届时老人食“寿面”，喝“寿酒”，吃“寿糕”，晚辈须依次行叩首大礼，并祝以健康长寿等吉祥话语。近年来，随着生活水平的提高，寿宴多在大酒店举行。有的为给老人祝大寿，还要奏鼓乐，放鞭炮，放电影等。

给老人祝寿要直到老人寿终，忌间隔。子女为老人祝寿中间是不允许间断的，若有遗忘，谓之“不孝”，亲友谓之“失交”。如因故实在到不了，须贺礼先到，提前告知。

◉ 殡葬习俗

人去世后要安葬，称殡葬（俗称办白事）。从前，陈砦村长期沿袭“入土为安”的殡葬风俗，人去世后入棺（棺材），埋入土中，即土葬。

陈砦村民去世后，亲属要给逝者及时穿戴好内外新衣。逝者的衣裳称“寿衣”。整套“寿衣”不用扣子，只用带子。“带子”表示后继有人之意。穿“寿衣”前先由其儿女一件一件穿在自己身上，叫“盔衣”。然后，儿女脱下“寿衣”自下而上为逝者穿上。并用烧纸或布蒙住死者的脸，称“蒙脸纸”。接着在逝者面前点上“长明灯”。灯从点着，一直到起灵前不准灭。接着请执客商量丧事办理的具体事宜。

一切办妥后将逝者放进棺材，并进行一些祭奠仪式。最后，将棺材抬入事先挖好的墓穴安葬。逝者安葬的第二天早上，其亲人要上坟烧纸，称为“复丧”。全体孝子带上饺子（扁食）、饺子汤和上坟烧纸。此后，从死者去世之日算起，每七天为一个祭日，每逢祭日子孙儿女要为逝者烧一次纸，烧至“十七”方结束。

改革开放以来，传统的殡葬习俗有所革新。去掉了一些有关封建迷信、烦琐、浪费的内容，使殡葬习俗变得节俭、文明，并被广大村民所接受。

◉ 节日习俗

春节 1949 年前，陈砦过春节的习俗有请神、请门神、贴春联。陈砦买神像称请神，不说买神。除夕那天，家家户户把请得“老灶爷”、“财神爷”、“关爷”（关圣帝君）、“老天爷”等供奉在神位上，正月初一至初五下午上香。请神后，请门神、贴对联。传说门神是能捉鬼的神荼、郁垒，他们会把守门户，保全家平安。旧时拜年，先是给自己家“主牌”（已故老人牌位）和长辈拜年。接着大人领孩子们到本家族各家拜年。先叩拜“主牌”，后给健在长辈拜年。晚辈给长辈拜年，从前跪下磕一个头，后来是鞠躬，祝长辈安康长寿。拜年后长辈会将事先准备好的压岁钱或核桃给晚辈。据说压岁钱可以镇住邪祟，因为“岁”与“祟”谐音，晚辈得到压岁钱就可以平平安安度过一年。

清明节 陈砦村民有清明节上坟祭祖的习俗，这一天人们会拿烧纸、阴钞、供品，肩扛铁锨，到先人坟墓前上香、供奉，给墓上填土，祭祀先人，寄托哀思。清明节陈砦人还有在门上插柳枝的习俗，然而，同一个行政村的东史赵村并无此俗。

端午节 陈砦村至今仍有端午节门上插艾的习俗。旧时，端午节小孩子们会佩戴香囊（俗称香布袋）。当天一早，孩子们都到中药铺寻“香草”（朱砂、雄黄、香药配成），中医先生常早已做好准备，谁去都给一包“香草”，孩子们拿回家，奶奶或妈妈给缝“香布袋”。说是孩子们戴上能“避邪驱瘟”“避蚊虫”。

中秋节 中秋节陈砦村民有吃月饼的习俗。1949 年前，老百姓有用月饼等祭月、赏月、圆月儿的习俗。祭月是在月亮升起后，露天供桌上摆月饼、柿子、红枣、捏瓜等供品，一般多由家庭主妇主拜、祈祷，全家人陪拜，磕头，此称圆月儿。圆月儿后全家吃月饼、品佳肴，享团圆、叙家常。

冬至 冬至，俗称“叫九”，是全年白天最短的一天，故有“食罢冬至饭，一天长一线”之说。陈砦有冬至吃饺子的习俗，有“冬至节不吃饺子冻烂耳朵”之说。

祭灶 农历腊月二十三亦称“小年”，这天要祭灶。祭灶即祭灶王爷。灶王爷俗称老灶爷。祭灶即请老灶爷上天。1949 年前，老灶爷画像一般供在灶台（锅台）里面

香囊

墙上，陈砦村民每逢腊月二十三，有祭灶的习俗。据说灶王爷是玉皇大帝派往人间专门监督凡界人家言行的神，年终要返回天宫向玉皇大帝汇报他的所见所闻。要是对他好，他上天言好事，回来降吉祥。要是对他不敬，便说一家的坏话，回来降祸殃。因此，人们都很敬畏他。请他上天时，不仅摆上供品，烧香叩头，老太太们还要念叨着祭灶歌："年年有个二十三，灶王老爷要上天，有白马，有草料，路途平安顺利到，供上糖果把你甜，玉皇面前进好言。"最后，人们还祈求："上天言好事，下界保平安""灶王爷上天，有话实端，好话多说，闲话少言"。人们唯恐他在玉皇大帝那里说坏话，供品还专门摆上芝麻糖，以"粘"住他的嘴巴，还供有饼，称"灶饼"。灶王爷的对联是"上天言好事，下界保平安；二十三日去，初一五来更"。横批是"一家之主"。中华人民共和国成立后，有关祭灶王爷的风俗逐渐被破除，但吃芝麻糖的习俗不减。

◉ 庙会习俗

庙会，又称庙市或节场。它是民间宗教之岁时风俗，也是传统集市贸易形式之一，其形成与发展和地方庙宇的宗教活动有关，多设在庙内及其所在村庄，故名庙会。陈砦村农历七月初一有个庙会，村里人都说原来是东史赵村的奶奶庙庙会。

究其奶奶庙庙会之由来，村里赵福文、赵保文两位老人回忆说："据祖上相传，古时候东史赵村村西头影壁墙北有座奶奶庙，香火旺盛，有求必应，求子、问吉的香客与日俱增。那时候，村里有位尚有影响力的巫婆说农历七月初一是庙里老奶奶的生日，大家都信以为真，每到老奶奶生日那天更是香火缭绕，求子、问吉、还愿者络绎不绝。人多了，自然就招来很多卖食物的、卖农具的、卖人们日常生活用品的，等等。有卖者必有买者，这就形成了庙市，人们俗称其为奶奶庙会。"

中华人民共和国成立后，随着时代的变迁，奶奶庙早已不复存在，庙会也不再有迷信色彩。相反，随着经济的发展，庙会越来越繁荣，成为物资交流、感情交流，促进经济发展、社会和谐的形式。会的前几天会有很多卖东西的到陈砦占地方，在路边上写"占"字。会这一天，周围所有卖东西的、买东西的都会到陈砦赶会，互通有无；村民所有亲戚、朋友在会那一天都会前来走亲访友，团聚交流。

◉ 禁忌

禁忌根植于中华文化土壤之中，充满民间的意蕴。陈砦村有些禁忌一直在村民中流传。

植物禁忌　忌砍伐长得苍老、粗壮的独棵大树，说是上面住有神仙；庭院前后忌栽种桑树、柳树，院内忌栽种杨树、楝树；收获季节，尤其在打谷（麦）场上，忌说不吉利话。

睡眠禁忌　卧枕忌低，谓之“高枕无忧”；忌“仰面尸卧”，倡侧身睡，卧忌开口，忌裸体，忌冲风，忌冒寒而卧，忌沐浴未擦干而卧；忌睡地上，更忌睡在石板上；睡时忌足高悬，忌手压胸口；睡醒忌急饮水而复睡。

婚姻禁忌　忌异辈通婚，直系血亲的，忌之更甚；忌婚前性生活，恋爱期发生性行为被认为是不道德的事，是见不得人的事，是绝对禁忌的事情；忌无春（立春）之年嫁娶；新娘子上车（轿）时忌足踏地，据说是怕沾走了娘家的灰土，带走了娘家的福气。

孕妇禁忌　孕妇忌夜晚不归，忌户外露宿，恐胎儿被邪气伤害；忌食兔肉，恐胎儿会“豁嘴”；忌过量食用咸味食物，更禁食老鳖；忌过量食辣椒、生葱、姜、芥末、咖喱、麻辣食品；忌食含大量香精和色素的食品；忌食受重金属污染的粮食、蔬菜和水果，以防胎儿畸形。

◉ 方言土语

方言

舞招——有应付、打架、处理事情等意思

忽雷——陈砦孩童对汽车的叫法

卖野眼——注意力不集中

日头——太阳

心门头——额头

瓦（wa）了——跑了

小虫——麻雀

枯处那儿了——瘫倒了

弄捏儿——刚才

地脑——头

秋儿起哎——早晨

麻羽雀——喜鹊

吽——牛

木头——棺材

鸠——鸡子

扁食——饺子

老了——（老人）去世了

没才料、没成色——没有能力

行（hang）户——说合买卖牲口的人

夜儿、夜儿个——昨天

有种——有胆量

年下——春节

薅（hao）草——拔草

胡闹台——瞎胡干

闷得兴 ——傻

前儿、前儿个——前天

歇后语

芝麻地里撒黄豆——杂种

五百分两下——二百五

芝麻开花——节节高

木匠的斧子—— 一面砍

哑巴吃黄连——有苦难说

黄鼠狼给鸡拜年——没安啥好心

秋后的蚂蚱——蹦跶不了几天

老鼠拉木锨——大头在后边

狗咬耗子（老鼠）——多管闲事

二十一天不出鸡——坏蛋

哑巴吃饺子——心里有数

小葱拌豆腐—— 一青二白

竹篮子打水—— 一场空

老婆的裹脚——臭长

瞎子点灯——白费蜡

正月十五贴门神——晚半月

马尾拴豆腐——提不起来

猪八戒照镜子——里外不是人

谚语

饭后步百走，能活九十九。

睡前开开窗，一夜都觉香。

多吃素，常走路，少发怒。

返了春，冻断筋。

立罢秋，把扇丢。

夏至三庚暑头伏。

蜜蜂出窝，有雨不多。

水缸穿裙，大雨来临。

星星挤眼，下雨不远。

头伏萝卜，二伏芥，三伏种荞麦。

春争天，夏争时，五黄六月争回耧。

能叫饿断肠，不吃种子粮。

饿不洗澡，饱不剃头。

勤人抗百病，懒人病缠身。

冷在三九，热在中伏。

春打六九头，耕牛遍地走。

天河调角，捞饭豆角。

瓦块云，晒死人。

燕子低飞蛇过道，不久大雨就来到。

早烧云不出门，晚烧云晒死人。

清明早，立夏迟，谷雨种花正当时。

小雪不分股，大雪不出土。

麦收八、十、三场雨。

棉锄七遍，棉桃连串。

麦收一张犁，秋收一张锄。
种谷不剔苗，种一葫芦收两瓢。
棉花不打杈，长成柴火架。
庄稼是枝花，全靠粪当家。
种地不上粪，等于瞎胡混。
扫帚响，粪堆长。
渴不急饮，饿不急喂。
有料没料，四角搅到。
饱不加鞭，饥不上套。
家有万贯，不吃蒸馍蘸蒜。
三年不吸烟，省个大老犍。
能省囤顶，不省囤底。
有时省两口，缺时顶一斗。
嘴上没毛，办事不牢。
不做亏心事，不怕鬼叫门。
良药苦口利于病，忠言逆耳利于行。
有理走遍天下，无理寸步难行。
世上无难事，只怕有心人。
一寸光阴一寸金，寸金难买寸光阴。
后管要抓好，防干产量高。
豆子锄三遍，豆角长成串。
巧打扮，不如拙上粪。
积肥如积粮，粮在肥中藏。
肥料到处有，全靠两只手。
草膘料力水精神。
寸草铡三刀，没料也上膘。
马不吃夜草不肥。
吃饭穿衣量家当。
丰年要当欠年过，遇上灾年不挨饿。
蒸馍省，烙馍费，要吃锅盔卖了地。
新三年，旧三年，缝缝补补又三年。
一顿省一口，一年余几斗。
雁过留声，人过留名。
身正不怕影子斜。
有借有还，再借不难。
铁梁磨绣针，功到自然成。
娇子如杀子。
真金不怕火炼。

艺文杂记

清朝时期，陈砦村陈作力等多人喜爱书画。他们在创作相关书画作品的同时，主要为村民书写楹联、诉状、文书等。中华人民共和国成立后，陈砦村书画事业后继有人，涌现出以赵书景、陈国瑜、赵国顺、任新合、姚金华、陈昱佳等为代表的书画爱好者，他们的作品笔力雄劲、气韵天成，受到各界的好评。

陈砦村域的传说故事较多，主要有《陈如章皇宫治天花》《火烧“背背鬼”》《陈敬武“智救”共产党员》等，这些故事从不同侧面反映了陈砦村民的善良、智慧、勇敢，既接地气，又充满正能量，很多故事流传至今，常为村民津津乐道。

陈砦村有陈氏、赵氏、蓝氏等44个姓氏，编写有《陈氏家谱》《赵氏族谱》《蓝氏族谱》等家谱。这些家谱体例严谨、内容翔实，为研究陈砦村的历史、各姓氏的发展脉络提供了珍贵的资料。

丹青翰墨荣文脉；家谱传说灿祖源。
——郭增磊

◉ 书画艺术

书法　陈砦村历史悠久，曾经出现过一些书法爱好者，其中不乏造诣深厚的书法家。因距今年代久远，有关古代书法家的资料无考。清朝时期，陈砦村的陈作力（举人）、吴恩培（秀才）、杨春芳（秀才）等人的书法在郑州北郊一带小有名气。

中华人民共和国成立后，陈砦的书画创作更是后继有人。涌现出了以赵书景、任新合、赵国顺、姚金华等为代表的书法爱好者。他们的作品在村里经常博得大家的赞誉，并有多人次在各级书法比赛中获奖。

赵书景作品

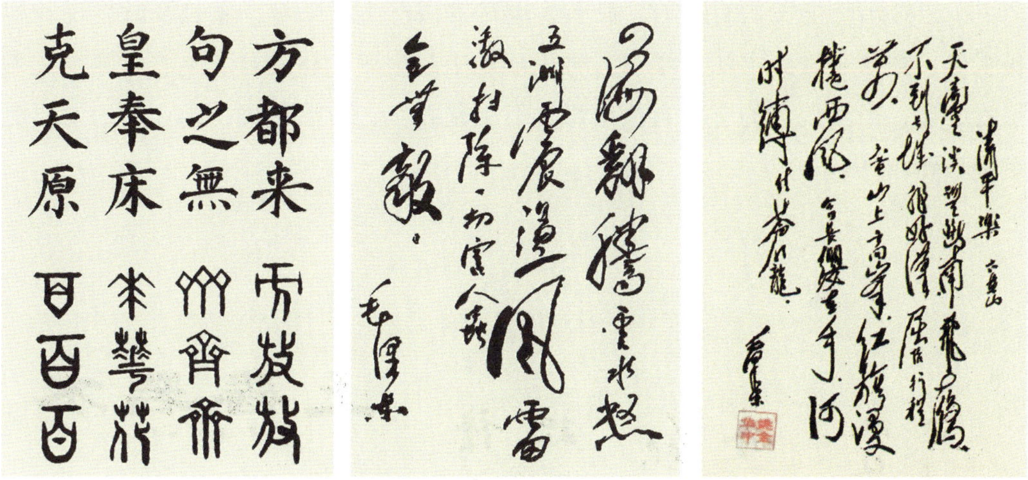

姚金华临摹作品

阴金辉作品

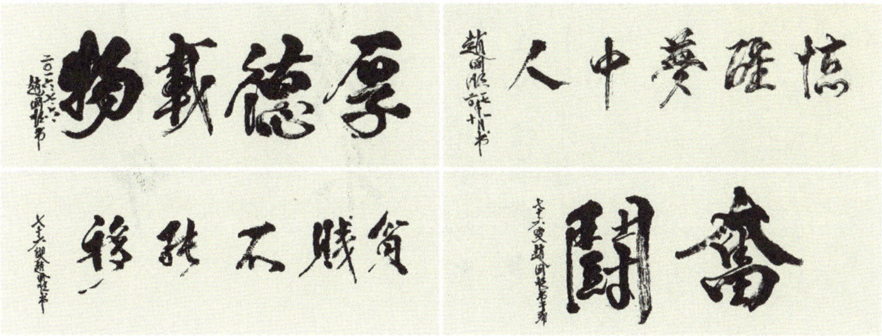

赵国顺作品

陈砦村儿童受长辈的影响，很多人也对书法产生了兴趣。家长及时发现并积极引导，把孩子送到书法班学习。村里涌现出赵宁欣、赵文君、赵志君等少儿书法爱好者，虽然他们的书法有些稚嫩，但根基扎实，方法正确，为今后的发展奠定了基础。

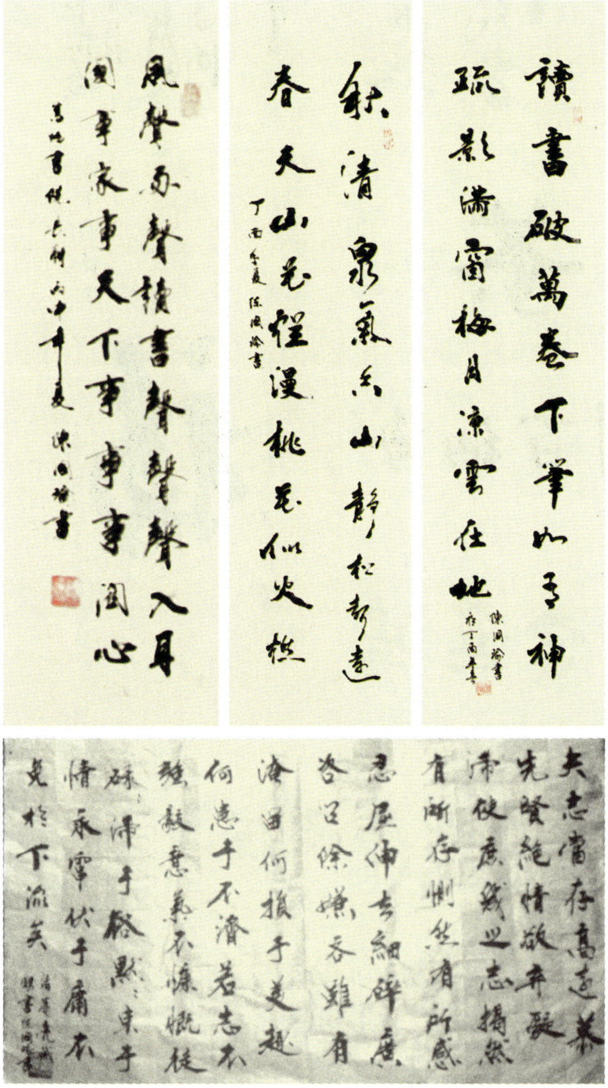

陈国瑜作品

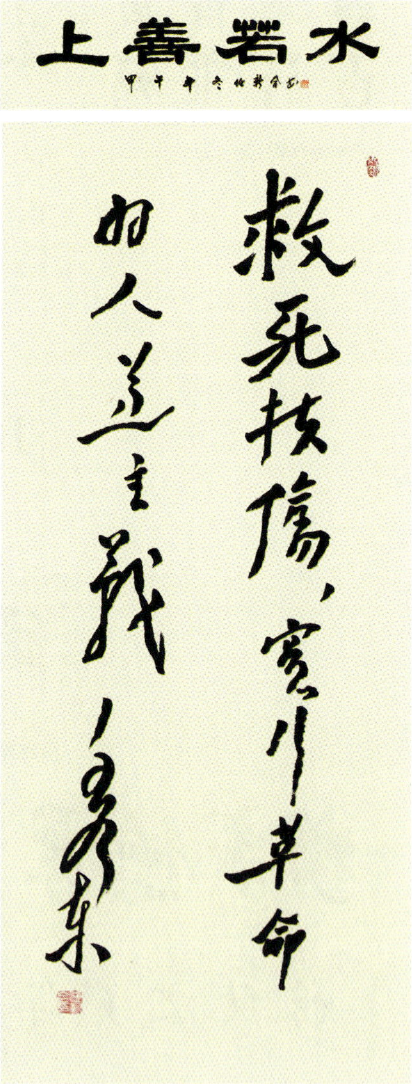

任新合临摹作品

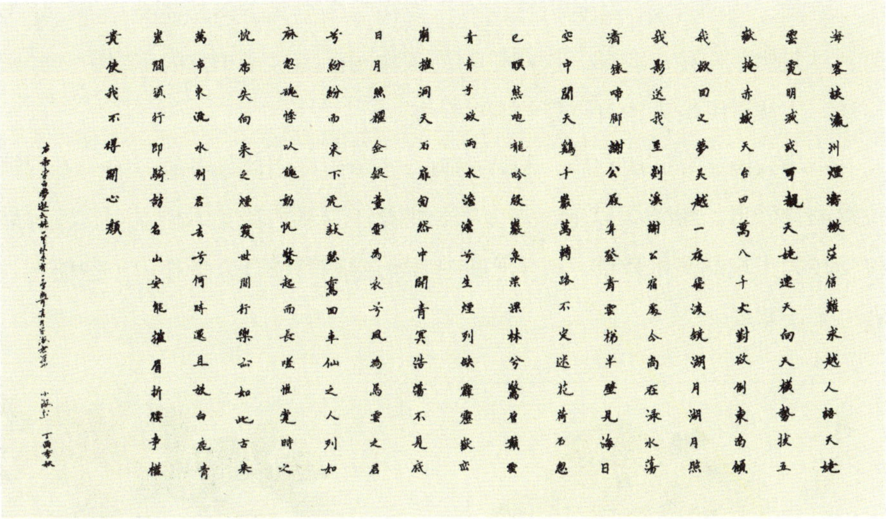

陈小海作品

赵伯文作品

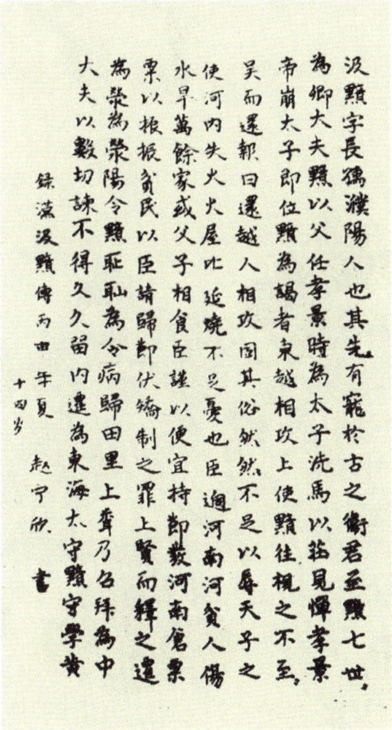

赵宁欣作品

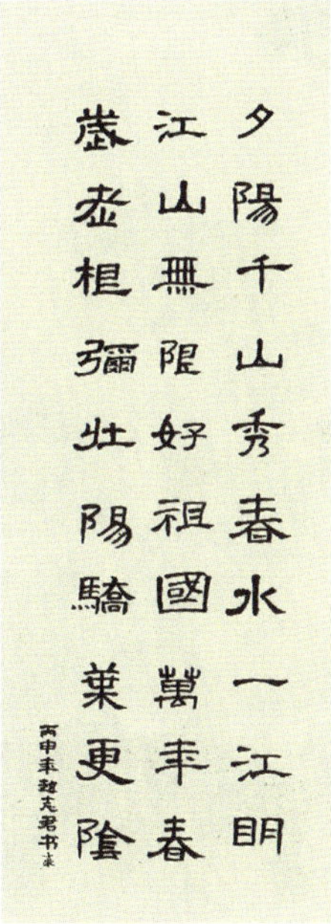

赵文君作品

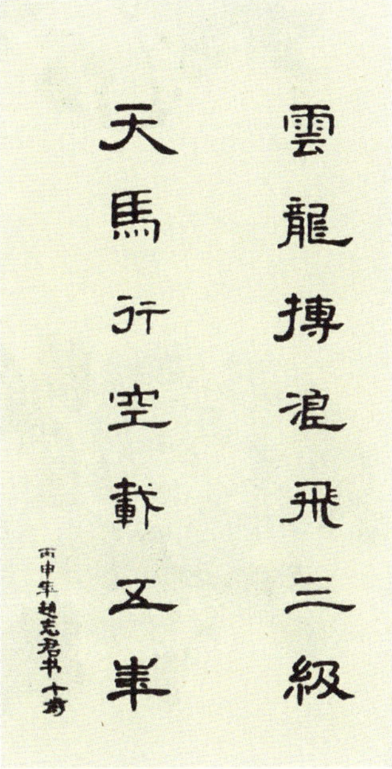

赵志君作品

绘画 清朝时期，陈砦村域内有土龙岗等多个大土岗，还有小河、水潭。地里生长着各种果树、庄稼、花草。这些景物为创作图画提供了丰富的素材，为绘画爱好者带来灵感，陈砦村民历来就有喜爱绘画的传统。

中华人民共和国成立后，陈砦绘画人才辈出，出现颇具实力的美术教师姚金华等多位绘画爱好者。2000 年以来，很多家长把孩子送到各类美术班学习，使陈砦幼儿、少年接受较为正规的美术教育。孩子们的在学习中初露锋芒，创作出一些佳作，有些还在比赛中荣获奖项。

陈昱佳作品

姚金华作品

◉ 传说故事

陈传仁“偷学”诗词

陈传仁，字济民，生于清道光年间（1821—1850），陈砦村人。因上有三位姐姐，出生之时其父闻报大喜，不由脱口而出“从此我这一脉陈氏后继有人了”，便给儿子起名叫“传人”，视为掌上明珠。陈传人 7 岁时，虽因家贫不能入学读书，小传人依然常随富家子弟到私塾去玩。老师开始讲课后，富家子弟进屋学习，他就在外面的窗户下认真“偷”听。私塾先生讲得唐诗宋词，他在窗下听过几遍后，便能背下来。去私塾“玩”了一段时间后，老师所讲的内容，他便全部偷偷地学会了。

第二年春天，陈传人去挖野菜，见穿着长袍马褂的教书先生在田间小路上慢慢走着，口中吟道“离离原上草，一岁一枯荣”，小传人听此马上接道“野火烧不尽，春风吹又生”。先生扭头一看，原来是一个七八岁的儿童，忙问：“你是谁家子弟，师从何人？”传人道：“我是穷人家的子弟，是您教的弟子。”教书先生闻言大惊，忙问：“我何时教你，怎不记得？”传人道：“先生在屋内教，我在屋外听，岂不是您的弟子吗？”先生见他聪明伶俐，读书必是块好料，便亲自登门来见陈传人的父母，决定免收学费，让他入学。先生还亲自为传人改学名为“传仁”。

陈传仁 12 岁时参加县学考试，成绩为童生第一名。后来他参加科举考试，不料临考之时，生起病来，与秀才功名无缘。后来他又考了两次，皆不中，便弃文从医。他医德高尚、医术高明，远近闻名。

陈如章皇宫治天花

清朝末期，陈砦村的陈如章见瘟疫、天花等传染性强、死亡率高，便决心认真学医，攻克治愈难题，救济百姓。经过多年钻研医书，加之勤学好问，他逐渐掌握了大量的中医知识，能准确识别瘟疫、天花等的病征，并配药加以救治，治好很多天花等病症患者。因医术高明，经验丰富，很快便声名远播。

有一年，北京的皇宫中流行天花，一些皇族子弟、太监、宫女染上了天花。光绪帝急忙传多位御医前去救治，但收效甚微。他只好传旨让全国各地官员推荐当地名医前往救治。一位在开封任职的陈砦籍官员久闻陈如章治愈天花有妙招，便急忙推荐他进京。

陈如章到宫廷后，认真了解天花的爆发时间，并仔细查看了几个患者。接着他开始调配药物救治，经过几天的努力，患者的病情得到控制。又经过几天的治疗、调养，患者全部治愈，皇宫中的天花疫情得到彻底解除。

光绪帝不禁大喜，要留陈如章在皇宫做御医。陈如章想为众多百姓治病，不想留在宫里，加上思念家乡，他就谎称自己只会治疗天花这一种病，既然宫中的天花患者已经全部治愈，留下来便没有任何作用了。光绪帝便赏给他大量的银子并派人护送他回到陈砦。

多年后，陈如章的三个儿子分家，就把当年皇帝赏赐的银子拿出来平分。见一大堆银子太多，就拿来一个大筐，每个孩子分了几筐后才把银子分完。

火烧“背背鬼”

清朝时期，陈砦村东北角有块10亩地大小的土岗，岗上有许多坟头，为陈氏的老祖坟，名北老坟岗。北老坟岗东边有小土岗，岗上有三杆石碑，便被称为三杆碑岗。两岗之间有一条大路，为从黄河渡口通往郑州城的官道。由于此地坟头众多，杂树、荒草满岗，夜晚磷火时隐时现，甚是阴森。

从黄河渡口到郑州城里做生意的行人常结帮一起通过此处，互相壮胆，彼此照应，倒也相安无事。不过个别人由于赶得不巧，见没有外人，只好一个人硬着头皮只身经过。相传，行人夜里经过此地时会听到“背背”“背背”的声音。正在疑惑时，忽然背后有人过来。来人双腿卡着行人的腰，身体贴着行人的后背，双手则紧紧地卡着行人的脖子，以这种方式让行人“背背”。因一切来得太突然，行人几乎没有任何反应便因卡脖子窒息晕倒。行人晕倒在地后，那人就开始搜身，然后拿着行人的钱物，逃之夭夭。行人醒来后便觉得自己遇到鬼了。因这鬼常喊“背背”“背背”，大家便把此鬼叫作“背背鬼”。

一天夜里，陈砦村的木匠孟永泰，在外做完木工活回家时路过此地。“背背鬼”再次出现，孟永泰晕倒后，“背背鬼”把他数天干活的工钱全部抢走。孟永泰回到家后，仔细回忆事情经过，越想越觉得不太对劲。他决定再会会“背背鬼”。经过几天的准备，孟永泰故意等到夜里从两岗间经过。“背背鬼”又出现了，当他用双手卡孟永泰的脖子时，发现孟的脖子上套着一个坚硬的木箍，很好地保护着脖子。“背背鬼”见阴谋不能得逞不由得惊慌起来，急忙从孟的身上跳下来想别的办法进攻。孟永泰忽然从腰间抽出一把利斧，转身向“背背鬼”劈去。那鬼急忙伸手去挡，这一挡不要紧，他的半条胳膊

“背背鬼”出没的地方

连手被劈断，掉在地上。那鬼痛得嗷嗷直叫，孟永泰正要举斧接着再劈。那鬼竟跪下哀求道：“我是人，放了我吧，我再也不敢了！”见那人已成为残废不可能再害人了，孟便喊了一声“滚”，那人便慌忙逃走了。

那人走后，孟永泰从坟地里找到一块棺材板背回到村中。天亮后，孟对众人说：“‘背背鬼’被我抓住了，就是这个。鸡叫前他还说让我放下他呢。我不放，他就咬我，看我把背上咬得。”其实是被棺材板上的钉子刮得。说完，孟永泰让村民过一会都来看“背背鬼”的下场。当天午时，大家点火烧了那块棺材板，直到全部化为灰烬。从此，人们都知道“背背鬼”被烧死了，大家可以随时放心地通过两岗之间了。果然，那个装扮“背背鬼”的人再也没有出现过。

痛打“沙糖鬼”

民国时期，陈砦村和东边邻村沙门村之间有一条土路。因当地风沙很大，路面常年被一层厚厚的被风吹起来的沙子所覆盖。晴天步行通过时鞋里常常灌满沙子，车辆通过时车轮常陷进沙内行进困难；如逢下雨天，行人、车辆通过时更是苦不堪言。除了这些因素外，路上还会偶尔“闹鬼”，让行人更是望而生畏。

一天夜里，陈砦村的一个村民在外办完事回家时经过此路，忽然传来“吃沙糖”“吃沙糖”的喊声，他停下来四下张望却看不到人。正在迟疑时从地上猛地站起一个柱状物体，他大吃一惊，还没等回过神来，随着两声“吃沙糖”“吃沙糖”，一大团沙子便迎面飞来。他猝不及防，眼睛、鼻子、嘴巴全部被沙子打中。这几个器官里一下子进去很多沙子，异常难受。尤其是眼睛进去沙子后顿时觉得眼前一片漆黑，什么也看不见了。他下意识地用手捂住双眼，想用手揉一揉。不料黑暗中被一根木棍打在脑后，当时便昏倒在地。当他醒来时，发现随身携带的钱物已经被洗劫一空。回到陈砦后，在众人的询问下，他把事情的经过说了一遍。大家都觉得他遇到“鬼”了。因那鬼不停地说“吃沙糖”“吃沙糖”，众人便把那鬼叫作“沙糖鬼”。一时间，陈砦、沙门等村的百姓人心惶惶，谈“鬼”色变。

陈砦村几个会武功的年轻人闻讯后，觉得不是鬼，而是人假扮的。便在第二天夜里来到陈砦和沙门之间的路上去捉鬼，来回走了大半夜也没见到鬼，几个人只好回家睡觉。此后几个夜晚他们又去，鬼始终没有再出现。见那条路已经平安无事了，几个年轻人便不再前去捉鬼。不料，几天后“沙糖鬼”再次出现，对夜里经过此路的一陈砦村妇劫财劫色。陈砦村民愤怒了，几个年轻人又是连续多天到路上捉鬼。不料，那鬼和村民玩起了“捉迷藏”，大伙一去，就消失几天。可是一旦几个人都累了没去，那鬼便出来害人。

一天半夜，陈砦村的陈运妞见大伙又是几天没有去捉鬼。他就一个人悄悄地拿了根三节棍出门了。他先在陈砦村东路边的树丛中悄悄地观察一会，见路上一直没有行人。他这才把三节棍别在腰带上，从衣兜里掏出一块用黑布做的“面具”蒙在脸上，让整个面部只露出两只眼睛。然后他一个人慢慢地从陈砦村向沙门村走去。没走多久，忽然听到“吃沙糖”“吃沙糖”的喊声。他心中大喜，看来今天可以抓住那鬼了！他假装吃惊地停下脚步四下看了看。忽然一根柱子般的东西便出现在他的眼前，紧接着又是几声“吃沙糖”“吃沙糖”的叫声。随着声音，一团沙土便飞了过来。早有准备的他急忙闭上眼睛，使沙土没能进眼，在“面具”的保护下，嘴、鼻也没进去沙子。估计那鬼下一步要打棍子了，陈运妞便拔出别在腰间的三节棍，猛地向那根柱子的顶部打去。只听“哎呀”一声，那根柱子的顶部便掉在地上，柱子一下就变成了人。原来是一个头戴柳斗帽（用柳树条编织的帽子）的人，帽子的下面连着一个用黑布做成的“布桶”。除了上部开了 3 个口子，露出面部、伸出胳膊外，“布桶”从头部一直套到脚部。戴着这样的帽子确实像是一根上下一样粗的“柱子”。

那人头部虽然挨了一棍，但在柳斗帽的保护下，并无大碍。见帽子已被打掉，他便把帽子放在一边，不再装神弄鬼，直接拿起棍子向陈运妞打来，陈运妞也扯下面具舞起三节棍迎战。陈运妞身高 1.9 米，练过武术，平日以杀猪为业。只见他脚步沉稳，出手迅猛，棍棍直击对方要害。没有几个回合，那人便被三节棍重重地击倒在地。陈运妞喝令他站起来再战，他只好勉强爬起来，硬着头皮再次拿起棍子。估计是受了重伤，他的动作、力度已经大不如上次，于是毫无悬念地再次被陈运妞打倒在地。陈运妞让他再战，他挣扎着、呻吟着动了几次，始终没能站起来。陈运妞见对方伤势很重，怕再打要出人命，吃官司，便对他说：“今天就饶你一命，以后要是再让我遇到你出来害人，我就打死你！”

说完，陈运妞便拿着三节棍回家了，陈砦等村的百姓闻讯大喜。此后，“沙糖鬼”便彻底消失了，陈砦、沙门等村又恢复了往日的平静。

陈敬武“智救”共产党员

陈敬武

1944 年春，侵华日军进攻郑县（现郑州）。守城的国民党军队难以抵挡日军，便弃城逃跑，郑县沦陷。

1945 年 8 月，日本宣布无条件投降后，国民党军队从日军手中接管了郑县。他们在郑县立足刚稳，就开始大肆搜捕郑县的共产党员。郑县德化镇的镇长刘德宣（郑县西郊三官庙村人），是一个共产党地下组织的组长，就召集本小组成员陈敬武（陈砦村人）、范彦楼开会，要求他俩除了继续以同仁堂药店伙计的身份做掩护收集情报、为党组织筹集资金之外，还要做好营救自己同志的准备。

有一天，刘德宣匆忙去见陈敬武，他拿着一个布包说道：“敬武弟，有紧急情况，刚得到情报，德化街党组织领导住处暴露，特务马上要去抓人，你速去老孟（即郑县地下党组织组长孟庆选，湖南人）家通知他们夫妇撤离，越快越好。这是路费，你从他家的后窗过去，快走！”

见情况紧急，陈敬武接过封好的有一块砖大小的布包，慌忙跑到老孟家的后窗。忽然街上传来警车的鸣笛声，他急忙发暗号，并从后窗跳到屋内气喘吁吁地说：“孟组长你俩快走，敌人来抓你们了。”孟庆选夫妇闻讯接过布包急忙从后窗跳了出去。

陈敬武正要跟着跳窗，忽然听到急促的敲门声。为了掩护孟庆选夫妇脱险，他灵机一动，急忙关好窗户，在屋里找了一张椅子坐下，翘着二郎腿，掏出自己的手枪悠闲地摆弄着。忽然，房门就被撞开了。几个特务闯了进来。见陈敬武如此镇静地在玩枪，特务们吃惊地问道：“你是干什么的？”陈敬武不紧不慢地站起来说：“像你们这么大的动静，早把人吓跑了。我是奉命来抓共党的，要在这悄悄地守着才行。”说着他拿出自己在德化镇的证件，特务们见是“自己人”，随便聊了几句便离开了。就这样，陈敬武机智地拖住特务，使孟庆选夫妇安全撤离。

陈文钦冒雪治麻疹

1952 年冬，天降大雪，郑县流行麻疹，陈砦村多个儿童染病。陈砦名医陈文钦深知陈砦乃近千人的大村庄，儿童甚多，麻疹易传染，要是传染开来后果不堪设想。

想到这些，年将六旬的陈文钦不顾雪大路滑，急忙拄着拐杖沿街挨家挨户诊治。每到一家，他先诊断病情，再酌情出方，让病儿家长速去柳林诊所拿药，并详细告诉家长服药时间、药量多少，嘱咐家长忌食之物或对患儿不利事宜，并请家长时刻关注患儿病情，如有情况速到家告知。为确保孩子们早日痊愈，嘱咐家长一定要精心照顾孩子，不得有丝毫的马虎，以便让孩子早日康复。

陈文钦快步地进了一家又一家，诊治一个又一个。因雪下得很大，村上很少有人出门，村里几乎只有他一个人忙碌的身影。走了近一天，他终于把全村患儿家走完一遍。他自言自语道：“孩子都无大碍了，我可以放心回家休息了。”这时他才突然感觉天寒地冻，浑身冻得冰凉，肚里饿得难受。

◉ 家谱

家谱，亦称族谱、宗谱，是姓氏文化的重要组成部分。有谱则可辨支系，尊祖敬宗、睦族收族，弘扬家风，承传家训，了解自己的世系起源和昔日的辉煌，激励后人奋发图强。在陈砦 44 个姓氏中，仅陈氏、赵氏和蓝氏有家谱。

陈氏家谱 清同治年间（1862—1874），陈砦陈氏在其 21 世祖如章公主持下编修了《陈氏家谱》。该家谱使用旧时棉纸，用毛笔字手写，仅一本。谱中录有“家训”“家规”，拟定有 21 世至 40 世，辈分用字 20 个。

由《陈氏家谱》可知：陈砦陈氏因开基祖丰仪公过世较早，是老祖奶（丰仪之妻）胡老太君担挑着两个儿子于明洪武三年（1370）由山西洪洞县徒步长途跋涉迁徙到郑州城北东冯留村（今陈砦村）安家落户、繁衍生息。长子兴业无后，次子兴家（妻李氏）夫妇生育一子陈国辅。陈国辅（村东老坟立有其墓碑）系陈砦陈氏三世祖先，夫妇俩养育秉正、秉直、秉中、秉德四个儿子。四子秉德长大成人后携家迁往湖南省龙潭寺定居。秉正、秉直、秉中分别成为陈砦陈氏的三位先祖。至 2015 年，陈氏红白事来往者有十二个家族，谓十二个支系。陈氏迁居陈砦已 645 年，传至 29 世“启”字辈陈佳琦、陈佳涵。全村陈氏有 307 户、1603 人，

陈氏家谱

占陈砦村户籍人口 3753 人的 42.71%。

陈氏家训：遵纪守法，以德待人，学文明礼，贻善守信；家规：入孝出悌，泛爱众仁，以勤立本，本分做人。

赵氏族谱 陈砦行政村东史赵自然村居民多为赵氏，故村名东史赵，其赵氏和西史赵村赵氏属同族。他们一同于清乾隆年间（1736—1795）由新郑县（现新郑市）小乔迁此。东史赵村赵氏已从 12 世传至 20 世。至 2015 年，村里赵氏有 220 户、1103 人。他们于 1999 年经会首桂林，副会首保文、文彦、小建、松彦、大林、书景、国胜、赵温、赵恭、彦增、明玉和同庆等，将陈砦村赵氏宗亲 12 ~ 20 世族人调查、整理，续入郑州一带村庄编写的《赵氏族谱》（谱系详见《赵氏族谱》第 330 ~ 398 页）。该谱编有辈分用字 50 个，载有宋太祖赵匡胤遗训（亦称祖训），还有世代形成的族规、家规，其主体是世系。

赵家族谱

赵氏祖训：敦孝悌、睦家族、立本业、慎交友、和兄弟、训子弟、尚勤俭、戒争讼、遵法律、禁非为。家风族规：勤劳俭朴、和谐友善、以德待人、施善于人、本分做人、惟忠孝道。

蓝氏族谱 蓝氏始祖乾公，汝南人。自明朝迁郑州北，卜居黄河之滨，后曾以蓝家屯为村名。

清朝，《蓝氏族谱》分支第二门第四支三分支 13 世祖永明公投亲东史赵村，并在此落户，已传至 19 世述涵、述喆。1947 年和 1994 年蓝氏两次续谱，分别续有 20 个和 16 个辈分用字，备作后世子孙使用。

蓝氏族谱

名人与名村

陈砦村历史悠久，人杰地灵。清朝有举人陈作力，秀才杨春芳、吴恩培等文人，以及陈传仁、陈如章等陈氏名医。民国时期，陈砦村有赵金有、陈敬堂等民间艺人，在郑州乃至全国都颇具知名度。

中华人民共和国成立初期，陈砦村的赵文义组织成立柳林乡红光第一农业生产合作社，成为郑州最早的高级农业生产合作社之一，受到郑州市、河南省乃至全国的关注。村里涌现出赵文义、赵玉仙等多位省级、市级先进人物，成为郑州市、河南省各地学习的榜样。改革开放以来，陈砦村在陈扎根、宋书保、陈战军等村干部的领导下，经济实现跨越式发展，跃居郑州市、河南省经济强村行列。

陈砦村在经济建设、文化建设中的显著成绩，受到各级领导的关注、好评，多位国家级、省市级领导人曾到陈砦考察、调研。常香玉、李準等多位文化艺术界名人到陈砦演出、考察，和村民建立了深厚的友谊。

戏剧说书誉盛名，三皇大会聚精英。
今朝创业执牛耳，小康路上歌大风。
——宋铭华

◉ 历史名人

陈作力（1804—1871） 男，字亦牧，号金溪由，陈砦村人。他弟兄三人，均学业有成。其中长兄陈绣为贡生，次兄陈诗为廪生。在两位兄长的影响下，他从小刻苦读书，学识渊博。后在郑州参加科举考试，考中秀才，名噪一时。清道光九年（1829），他到开封参加甲辰恩科乡试，考取举人功名。成为陈砦村功名最高的人，受到郑州各地的关注、称赞。同年，他受鲍湖村（现郑州圃田乡鲍湖村）全体村民之邀，迁至鲍湖村定居。

鲍湖村一带地势低洼易涝，土地沙化贫瘠，种植粮食收成很低。民众便根据地势低、水塘多的条件，大量种植莲藕，当地百姓就上缴官藕来代交粮食。一些官员则百般刁难，不断对上缴的莲藕挑毛病，借机勒索钱财。陈作力在鲍湖定居后，亲身感受到百姓之苦，常代表村民和官府理论。道光二十年，百姓恳求他到郑州协调免去官藕的差事。他就把一袋莲藕放到毛驴背上，赶着毛驴到郑州官衙，陈述百姓的疾苦，恳求免去鲍湖一带的官藕。恰巧开封府官员在场，被陈作力的陈述所打动，当场表态免去官藕差事。此举，惠及众多百姓，被传为佳话，受到鲍湖周边村民的感激和赞誉。同治十年（1871），他被授予卫辉府汲县教谕，为儒学正八品官员，掌管教诲生员品质，岁俸白银40两，月俸粮食6.5石，舆夫4人。接到任命后他即启程赴任。不料，在途中染病去世。安葬于鲍湖村，其子廉成、廉正为其立碑。

吴恩培（1862—1929） 男，陈砦村人，为今陈砦村第二村民组吴麦囤的曾祖父。清光绪六年（1880），吴恩培在郑州考取秀才。后参加举人考试，不中，便放弃科举考试，在家研修学问。平日里，常帮助村民书写春联、诉状等，受到村民的普遍好评。其文采、品德名扬郑州及周边各县，常有外地人慕名前来请他写书春联或诉状。后来，他应邀到郑州城北郊的弓庄村教私塾。弓庄村是郑州一带的文化名村，村中在明清两朝出过多个进士、举人、秀才。吴恩培到弓庄后严于律己，宽以待人，和村里人相处融洽。在多年的任教生涯中，他认真教学，诲人不倦，为弓庄及周边各村培养了大量的人才，受到当地百姓的尊重。

陈氏名医

第一代陈传仁 陈传仁，字济民，生于清道光年间（1821—1850），陈砦村人。精读医术古籍、名医方案，以及《黄帝内经》《本草纲目》；20岁时，开始在郑州一带行医，对乡民有求必应。他医德高尚、医术高明，尤擅长诊治妇科病、伤寒、天花等病症，治愈很多重病患者，受到百姓的尊敬和爱戴。他与郑州毛庄村的毛老沃（外科）、弓砦村的弓百超（内科）、金洼村的贾丙申（针灸）齐名，被合称为“四大名医”，远近闻名。

第二代陈如章 陈如章，陈传仁之子，生于清咸丰五年（1855）。同治年间（1862—1874），郑州一带流行天花，其父将医治天花的经验、药方等传授给他，使其在治疗天花方面有独到的方法。接着他学习伤寒、妇科病等病症的治疗。很快学有所成，成为郑州一带的名医。光绪三年（1877）郑州大旱，陈如章遵父遗训，治病不收诊费，并将穷困者赊欠的药费一律免去，乡民感其恩德，赠匾“术智德慧”悬挂在他家门楣。后来他奉命到皇宫，治愈了宫中的天花患者，名扬九州，被传为佳话。晚年时，虽身体不好，仍坚持为民治病，被民众尊称为“老陈先儿”。

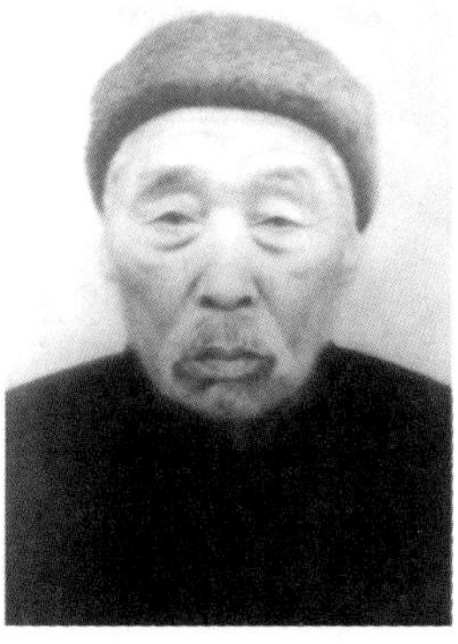
陈文钦

第三代陈文钦 陈文钦（1894—1974），陈如章的第三子。在其父的精心培养下，逐渐精通医术。20岁便出诊，名扬乡里。他尤其擅长诊治妇女不孕之症，三剂药服下，多能让女方坐胎生子，医术不亚于其父，被民众尊称为“小陈先儿”。1938年，被他治愈的众多不孕症患者，在生育之后为了感谢他，便集资在陈文钦家门口唱大戏三天，在陈砦村东大路口为他立功德碑，并赠匾额“术如佛心”，在郑州一带引起巨大轰动。中华人民共和国成立后，他先后在陈砦村联合诊所、郑州北郊人民公社卫生院行医。每天找他治病的患者总是多得排队，甚至有些下班前没有就诊的患者干脆跟他回家诊治，但他任劳任怨，从不叫苦叫累。他从医数十年，治愈病患上万人。

第四代陈敬宗 陈敬宗（1912—1985），陈文钦的长子。长大后陈文钦把医术传授给他。陈敬宗刻苦学习，逐渐掌握医术精髓，遂成为陈家的第四代中医。他品德高尚、医术高明，治愈很多患者，受到乡邻们的赞誉，名扬郑州北部一带。中华人民共和国成立后，他积极参加村里的生产劳动，在劳动的间隙坚持为村民治病，随叫随到，有求必应。且寻常木草谷蔬皆可用做药物，从不收费。

陈敬宗

陈氏验方 清朝时期，陈砦村的陈传仁、陈如章等几代陈氏名医，根据村里野生花草较多，其中有很多是中草药的实际，他参阅古代医书不断摸索、研究。最终，探索出多个用当地中草药治病的处方。因取材容易，费用低廉，使普通村民都能看得起病，买得起药。此举造福乡里，治好很多患者的疾病。民国时期，陈氏后人继续行医，为民造福。中华人民共和国成立后，随着医疗水平的提高，各类医院增多，村民用草药治病的逐渐减少，陈氏的中药处方很多失传。现将陈氏名医后人陈喜胜提供的家传验方，整理如下：

治疗天花验方。找到芦苇根部新发出的嫩芽，取其顶部，然后和红色灌木荆树的枝条一起放水中煮沸，放凉后患者喝其汁水。喝过几天后天花就会发出来，得到治愈。

治疗麻疹验方。找到芦苇根部新发出的嫩芽，取其顶部。另需要蟾蜍（俗称癞蛤蟆）的心，把心取出后，捣碎。先把芦苇芽顶部放到水中熬，过一会再把蟾蜍心放入一起煮，直到水烧开，放凉后患者喝下。喝过几天后即可治愈。

治疗高血压验方。秋霜打过的桑树细枝、益母草籽各 5 钱（25 克）。一起放到水中煮沸，患者每天睡觉前用此水洗脚（男左女右），可以治疗高血压。10 天一个疗程，洗过几个疗程后，病情便可得到缓解，逐渐治愈。

治疗风寒咳嗽验方。黄蒿（俗称臭臭蒿）2 两（100 克）切碎，鸡蛋 1 个。混在一起倒入热油锅中煎炒，不加盐、醋等任何调料。每天睡觉前吃下，几天即可治愈，快时第二天病就好了。

赵金有（1894—1942） 男，东史赵村人，著名说书艺人。他少年随师学艺，善说大鼓书。青年时期走南闯北，四处卖艺，逐渐成为知名艺人。他的拿手戏是长篇评书《响马传》。因为艺高德厚，深得同行的好评。为了传承技艺，他收徒 2 人。1940 年，他组织全国同行在陈砦举办“三皇说书艺人大会”。全国各地 100 余同行齐来捧场。郑县四周近万百姓到陈砦听书，丰富了郑州北郊村民的文化生活，提高了陈砦村的知名度。

赵文义（1912—1963） 原名赵维义，陈砦保东史赵村人。他生于贫苦农家，少年时随父外出扛长工养家糊口，长大后回村，曾在村中习武。

赵文义

1951 年，他积极响应党中央号召，带头组织 17 户农民创办季节性互助组，受到郑州市的重视。同年 7 月加入中国共产党。1952 年 3 月，他组织 7 个互助组，成立郑州北郊第一个初级农业合作社，1954 年成立北郊第一个高级农业合作社——柳林乡红光第一农业生产合作社，并被选为社长。1955 年发展成 17 个自然村的大联社——柳林集体农庄，他任社长。1958 年后，他先后担任金水公社农业分社社长兼党委副书记、柳林乡农业合作社社长、陈砦分社党支部书记，以及庙李乡人民委员会委员、陈砦大队党支部书记等职。1951—1962 年，先后被授予郑县一等劳模 6 次、市级劳模 5 次、市特级劳模 1 次、开封地区特等劳模 2 次、省甲等劳模 6 次，荣获奖状、证书数十个，奖章十多枚。在长期的工作中他积劳成疾，但仍带病坚持工作。1963 年 8 月，因病情恶化医治无效去世。

陈扎根（1952—2004） 陈砦村人。1972 年参军入伍，1975 年 2 月加入中国共产党。1977—1984 年，任陈砦村第五生产队队长，1985—1994 年，任金水包装设备厂厂长，1994 年至 2004 年 11 月 18 日，任陈砦村党支部副书记、村委会主任、陈砦北环实业总公司董事长，当选河南省劳动模范，金水区第九、十届人大代表。

陈扎根

他当选陈砦村委会主任后，以一个共产党员的标准，严格要求自己，以长远的眼光、务实的作风，思考和规划陈砦村的整体经济发展，团结带领村两委成员和村民，开展扎实、有效的工作。在一无资金、二无项目的情况下，他走南闯北，跑资金，拿项目，克服重重困难，成立陈砦基金会，逐步创建陈砦北环实业总公司、陈砦蔬菜批发市场、陈砦冷库、中原汽车交易中心、郑州陈砦花卉交易市场等10多家集体企业，使陈砦集体经济从弱到强。在发展经济的同时，他领导全村安装闭路电视，建起无塔供水设施。兴建幼儿园，为幼儿入托、儿童入学打下良好的基础。在大小街道铺设柏油路、水泥路，修埋全村的所有雨水和污水管道等。为全村“老有所享、小有所养”打好经济基础。他从不因个人或家庭私事影响村里工作，在他的工作日程表中从来没有节假日的安排。多年来一直带病坚持工作，最终积劳成疾，于2004年11月18日因病情恶化去世。12月3日，中共庙李镇委员会发布《关于向陈扎根同志学习的决定》。

◉ 名人与陈砦

常香玉在陈砦演出 1952年3月，赵文义带领7个互助组成立郑州北郊第一个初级农业合作社，受到各界好评。为了庆祝初级社成立，豫剧大师常香玉带领多位艺术家到陈砦演出祝贺。精彩的演出，受到陈砦村民的欢迎。听说常香玉等人还要到朝鲜为志愿军演出，陈砦村的杨凯莲、吴秀英等妇女做出多双鞋垫，交给常香玉，请她带到朝鲜，交给志愿军战士。

陈嘉庚在陈砦考察 1955年秋，全国人大常委会委员陈嘉庚到陈砦考察农业生产情况。在听取有关领导的工作汇报后，陈嘉庚到地里现场察看庄稼的生长情况，边看边和柳林乡红光第一农业生产合作社社长赵文义亲切交谈。在一片谷子地，看到谷子长势喜人，他对陈砦的农业生情况予以好评。此后，陈嘉庚根据在陈砦的见闻，向全国人大提交多份关于农业生产的提案。

李準在陈砦体验生活 1953年，为了深入农村，了解农民的生活，创作出更好的作品，作家李準到郑州一带体验生活。李準听说陈砦在农业合作化方面成绩显著，就到陈砦驻村。被安排到村民陈书平家里，在此居住一个多月。其间，李準和陈书平全家同吃、同住、同劳动，体验农村生活，体会农村的巨大变化。劳动之余，还进行作品创作。后来李準根据自己的见闻和感受，创作出反映农业社会主改造工作的短篇小说《不能走那条路》。作品发表后被毛泽东主席加编者按在全国近50家报刊刊载，引起巨大轰动，受到社会各界的关注。《不能走那条路》成为他的成名作。

大事纪略

陈砦村紧邻郑州城区，区位优势明显，村民勤劳淳朴。古往今来，村域发生过很多大事。

清朝陈砦的孟维仲拾金不昧，被传为佳话。民国时期，陈砦举办全国规模的“三皇说书艺人大会”，引起巨大轰动。农业合作化时期，陈砦成立柳林乡红光第一农业生产合作社，受到各界好评。苏联乌克兰国家舞蹈团在郑州演出期间，曾专程到陈砦演出。20世纪70年代后，陈砦在农业生产上逐渐实现机械化，提高了生产效率。改革开放以来，随着文化路的延伸、北三环路的兴建，陈砦村创办陈砦蔬菜批发市场、郑州陈砦花卉交易市场、陈砦冷库等企业，陈砦经济快速发展，成为社会及媒体关注的焦点。

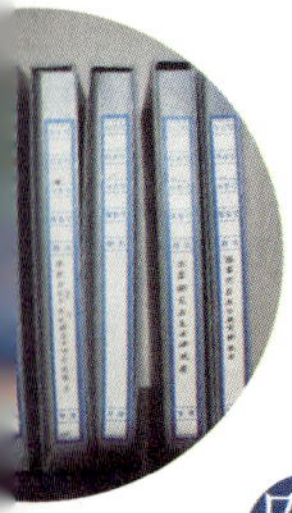

◉ 清朝孟维仲拾金不昧传佳话

孟维仲，男，字孝友，陈砦村人。他自幼受先辈良好家风的影响，乐善好施，时常接济穷人。清康熙三十七年（1698），他在路上拾到一大包银子。在重金面前，他不动心。等到失主来找时，他主动把银两全部交给失主。此举令失主万分感动，要送给他一些银子表示感谢，他坚决不接受，受到众人的交口称赞。他拾金不昧的义举后来被郑州知府何锡爵得知。何锡爵感慨万千，便让人制作了一块上书“仁义传家”的牌匾，并亲自带人把牌匾送到陈砦村，挂到孟维仲家院的大门上方，以示嘉奖。此事一时被传为佳话，后来被记载在1916年版的《郑县志》中。

◉ 1940年陈砦举办全国“三皇说书艺人大会”

1940年农历九月初九，陈砦籍说书艺人赵金有组织全国同行在陈砦举办“三皇说书艺人大会”，这为陈砦村第一次由民间举办的全国规模的艺术盛会。全国各地100余艺人齐来捧场，郑县四周近万百姓到陈砦听书。一时间，陈砦车水马龙，热闹非凡，村内到处挤满了看说书的人。此举大大地丰富了郑县北郊村民的文化生活，提高了陈砦村的知名度。

◉ 1954 年柳林乡红光第一农业生产合作社成立

1951 年，东史赵村党员赵文义带领 17 户农民成立了郑州北郊第一个农业互助组，采取“换工”的办法，相互协作。此组织被称为“农忙互助组”“临时互助组”“季节性互助组”。是年底，陈砦、东史赵共设立互助组 30 多个，有 80% 的农民参加了互助组，其中规模较大、办的较好的有 7 个互助组。1952 年 3 月，赵文义带领 7 个互助组成立北郊第一个初级农业合作社。1953 年，为贯彻落实中共中央《关于农业生产互助合作的决定》精神，郑县县委把第二区陈砦赵文义和四区东尚岗杨培春两个农业生产合作社（初级合作社），作为典型、示范加以培养、推广。初级农业生产合作社实行土地、耕畜、大件农具作价入社，由合作社统一管理、统一使用，按劳分配，是半社会主义性质的集体经济组织。1954 年 7 月，赵文义组织的陈砦和东史赵村的 6 个初级社、10 余个互助组以及部分单干户，两个村共 204 户成立了北郊第一个高级农业合作社——柳林乡红光第一农业生产合作社。

◉ 1954 年郑州市文化路建成通车

1954 年，郑州市修建从金水路向北至河南省实验中学家属院南围墙的文化路，此后文化路向北延伸到陈砦村。不久市公交公司开通 6 路公交车，从郑州火车站发车到陈砦。2003 年，文化路向北延伸，经过陈砦村向北直到东赵村。文化路的修建，成为连接陈砦和郑州城区的纽带，给村民的生产、生活带来便利，促进了陈砦村各项事业的发展。

◉ 1956 年苏联乌克兰国家舞蹈团在陈砦演出

1956 年 8 月 15 日，正在河南省参观访问的苏联乌克兰国家舞蹈团专程到陈砦。舞蹈团为陈砦村民表演了精彩的舞蹈节目，让很多从来没有看过外国文艺节目的村民大开眼界，感受到了舞蹈艺术的魅力。演出受到村民热烈的欢迎，长期成为村民热议的话题。演出后舞蹈团艺术指导巴·巴·维尔斯基和团员瓦连金娜·维尔霍洛莫娃与陈砦村民赵玉仙交谈，赵玉仙向两位客人介绍了农业社的生产情况，客人对农业社的成绩给予好评。舞蹈团还到陈砦小学参观，向每个小学生发苹果，使小学生感受到中苏两国人民之间的友谊。

◉ 陈砦在河南省农村率先实现机械化

民国时期，在陈砦村的生产、生活中，机械化一片空白。中华人民共和国成立后，陈砦开始逐步走上合作化道路，拖拉机等机械开始在农业生产中使用。20 世纪 60 年代后，收割机、磨面机等农业机械开始在陈砦农业生产和生活中大量使用。70 年代中后期，陈砦大队的机械化粗具规模，拥有大型拖拉机东方红 75、东方红 40 各 2 台，手扶拖拉机 6 台，康拜因收割机 1 台、24 行播种机及圆盘耙各 1 台；还有脱粒机、打稻机 15 台，机动喷雾器 30 部，轧花机、磨面机、榨油机、碾米机等 30 余台。陈砦大队基本实现了耕地、播种、收割、脱粒等生产环节的机械化，机械数量之多、种类之全，在河南省农村中独占鳌头。

◉ 1986 年陈砦小学建成河南省第一个太阳能教学楼

1986 年年初，陈砦村党支部、村委会在陈砦小学投资 30 多万元兴建被动式太阳能教学楼两层 34 间，可容纳 10 个教学班。每个教室都是六个角，样式新颖、美观，成为河南省第一个太阳能教学楼，受到各界关注。前往参观、考察、学习者络绎不绝，据不完全统计，先后有上千人次之多。是年 4 月，郑州市人民政府、河南省教育委员会曾立碑予以奖励。1987 年，联合国教科文组织派人到陈砦小学参观，并对太阳能教学楼给予高度评价。

◉ 村民责任田返租倒包给村委会

1990 年前后，陈砦村为了发展村域经济，倡议把各村民组的土地经营权统一收归陈砦村集体经营管理。集中土地后开始招商引资，成立陈砦北环实业总公司，北环路两侧建设商品房，兴建村办企业玛钢厂、消声器厂。此举为后来创办陈砦蔬菜批发市场、郑州陈砦花卉交易市场等企业创造了有利条件，奠定了陈砦大发展的基础。

1994 年郑州市北环路建成通车

1991 年，北三环路开始征地建设，需征用陈砦 108 亩菜田。面对肥沃的菜地被征、菜地上蔬菜大棚随之报废等，有些村民想不通。陈砦村党支部、村委会为支持国家基础建设，提出“征地不提条件，施工不设障碍”，同时考虑到修路为陈砦带来的长远发展效益，积极动员村民支持修路、配合拆迁。经过努力工作，使征地工作顺利完成。北三环路建成后，打开了陈砦村向东、向西发展的通道。陈砦村抓住机遇，在路两边创办有陈砦蔬菜批发市场等多家企业，成为陈砦村经济发展的新亮点。

1996 年创建陈砦蔬菜批发市场

1996 年，陈砦村在缺资金、缺技术的条件下，利用该村的交通优势，积极进取，在村南北三环路边创办陈砦蔬菜批发市场，占地面积 70 亩，成为郑州一带大型的蔬菜批发市场。经过多年的发展，市场产品辐射全国 20 多个省市和地区，经营商品蔬菜类 100 余种，副食品类 180 余种，是国内“南菜北调、北菜南运”的重要集散地。2015 年，蔬菜交易量 16.5 亿千克，食品交易量 12 亿千克，年成交额达 65 亿元，为全国十大蔬菜批发市场之一。

郑州思念食品有限公司在陈砦创建

1997 年，河南省思念速冻食品有限公司成立。经过十多年的发展，如今成为郑州思念食品有限公司（以下简称思念公司），该公司位于陈砦村东风渠以东，占地 400 亩。思念公司成立以来，以高速的发展被誉为行业黑马。其核心动力之一就是思念公司以高品质的产品、严密的质检手段、严格的管理程序打造出了“思念”这一优秀品牌，经过多年发展“思念”成为中国速冻行业最具竞争力的品牌之一。2015 年产品超过 200 个品种，产品的国内市场占有率达 20% 以上。思念公司有员工 6000 多人，年经营额达 60 亿元，上缴税金 3000 多万元。思念公司的品牌影响力、生产能力、销售总量均居全国同

郑州思念食品有限公司

行业前列，是中国最大的专业速冻食品生产企业之一。思念公司汤圆类产品被农业部认定为“绿色食品”，思念牌的汤圆、饺子获得“中国名牌”称号。“思念”品牌入选“中国500最具价值品牌”，品牌价值评估为41.36亿元。思念公司被河南省政府确定为“河南省百户重点工业企业”，被农业部、发展改革委等8部委评定为“全国农业产业化优秀重点龙头企业”。2008年，“思念”被国家工商行政管理总局认定为“驰名商标”。

◉ 1998年创建郑州陈砦花卉交易市场

1998年，陈砦村在村西部中方园路创建郑州陈砦花卉交易市场。2005年，花卉市场搬迁到国基路（原郑州陈砦珍奇植物园）。经过多年的发展，市场营业面积达48.2万平方米，入驻商户4000余家，安排就业1.5万人，年交易额突破20亿元，形成“买全国、卖全国”的花卉集散格局，市场辐射全国28个省市，以及泰国、马来西亚、荷兰、比利时、法国、德国、日本、韩国等多个国家。多位国家级、省部级领导曾到郑州陈砦花卉交易市场考察。

◉ 2003年郑州海洋馆开业

2003年10月，由杭州海洋世界有限公司与陈砦村合作兴建的郑州海洋馆建成开业。

位于陈砦村国基路与中方园路交会处东北部，占地面积 30 亩。海洋馆分为淡水生物馆、珊瑚礁生物馆、海兽表演剧场、海底隧道馆、海洋民俗馆、海洋餐厅、纪念品商场等八大场馆，建筑面积 1.2 万平方米，总水体 5000 余吨，配置水生生物 800 余种，是世界上最新一代的大型现代化水族馆，年效益达 4 亿元。

◉ 2014 年中国联通第二长途枢纽楼建成

2014 年，位于陈砦村北三环快速路与东风渠交会处东北角的中国联通第二长途枢纽楼建成，2015 年开始投入使用。此楼是以高吞吐量、无阻塞的数据交换网络为平台，以强大的电信级专业技术为保障建设成的现代化标准电信机房。大楼单层面积平均达 3500 平方米，IDC（互联网数据中心）机房面积约 3000 平方米。维护区面积约占 400 平方米，其中包括网管区和重点客户专区（VIP）。机房以 130G 千兆级高速物理光纤直接接入 CHINA169 骨干网络，能够提供各种丰富的宽带 IP 网络资源以及全面的网络应用、网络安全、流量分析、负载均衡、存储备份、客户自维护等全方位服务。枢纽机房是中国联通的三大骨干接点机房之一，是继北京第一长途枢纽机房之后的中国联通第二大机房，为中国联通华中区核心节点。

中国联通第二长途枢纽楼远观

◉ 陈砦村为村民建设福利房

2012年，为了提高村民生活水平，切实为村民办好事、实事，陈砦村三委领导陈战军、陈根国、宋书合决定为村民建设福利房。该倡议得到广大村民的支持，村三委领导经过一年多的努力，逐渐协调到建房的土地，筹集到建房的资金。2014年，陈砦村民福利房开工建设，位于陈砦村域内国基路和渠东路东北角。经过一年多的施工，主体工程基本建成，福利房占地50多亩，建筑为5栋30多层的楼房，建筑面积12.8万平方米，另建800个车位等配套设施。

◉ 2016年陈冬驾驶神舟十一号飞天

陈冬

陈冬，男，汉族，1978年12月出生，祖籍陈砦村。其父后来离开陈砦到河南洛阳工作，随之在洛阳定居。1997年8月，陈冬以优异成绩被中国人民解放军空军长春飞行学院录取，1999年4月，加入中国共产党。曾任空军某师某团飞行大队大队长，安全飞行1500小时，被评为空军一级飞行员。2010年5月，通过选拔，在多项测试中都达到优秀，成为国家第二批航天员中的一员。2016年10月17日至11月18日，陈冬奉命驾驶神舟十一号飞船，执行航天飞行任务，获得圆满成功。2016年12月26日，被中共中央、国务院、中央军委授予“英雄航天员”荣誉称号，并颁发“三级航天功勋奖章”。

附录

订制度，循法治村谋发展；
存典章，以人为本促和谐。
——郭增磊

1998 年陈砦村建设规划

为加快小康村建设步伐，促进陈砦繁荣发展和社会全面进步，提升广大村民的物质文化和精神文化生活，改善居住环境，加快城市建设，争取早日与城市文明接轨。经村两委会研究，报经郑州市规划局批准，决定实施新村规划，具体方案如下：

一、基本情况

陈砦村位于文化路与北环路交会处，属城乡接合部，全村农业人口 2103 人、580 多户，辖区总面积 4.2 平方公里，现有耕地 420 多亩。近年来，陈砦依靠得天独厚的地理位置和交通优势，大力发展集体企业，以陈砦蔬菜批发市场为龙头企业，先后发展中原汽车交易中心、陈砦冷库、果品批发市场、高效农业工程、北晨房地产开发有限公司等村办企业达 11 家，已拥有固定资产约 1.2 亿元，年利润 800 万元，几年来村民年人均纯收入由 1995 年的 1850 元增加到 1998 年的 3500 元，村二、三产业比较发达，全村综合经济实力在全镇名列前茅。

二、指导思想

这次规划，是在原有旧村的基础上，重新规划新村蓝图。1986 年，河南省能源研究所为村里做了规划，并经郑州市规划局批准，目前仅剩 50 户左右没有进行改造，预计明年可全部改造完毕。1996 年以来，村里先后投资近千万元，改造硬化了村内道路、修建了下水道、普及了有线电视，95% 以上的农户都安装了电话。但是随着城市的发展，作为城乡接合部的陈砦村，土地越来越重要。十几年前规划的村庄已不适应现今发展的需要，同时，村民生活环境、卫生条件、流动人口居住管理等，越来越不适应时代的发展，跟不上经济发展的步伐，因此确定新的村镇规划势在必行。

三、实施方案

1997 年，经市规划局设计院设计，报经市规划局批准，陈砦村新规划实施方案已经确定。新村规划用地 11.4 公顷，居住区总用地 8.96 公顷，总建筑面积 105780 平方米，居住面积 90780 平方米，公建面积 15000 平方米，容积率 1.18，日常间距 1.2 ~ 1.3，绿化覆盖率达 35%，设计居住户数 1068 户，楼层平均层数 5.7 层。居住用地 8.96 公顷，包括住宅用地 5.4 公顷、占 60%，公建用地 1.34 公顷、占 15%，道路用地 1.07 公顷、占 12%，公共绿地 1.15 公顷、占 13%，整个新村规划建设包括住宅楼、村委办公楼、农贸商业楼、幼儿园及活动中心。新村规划具体位置在王砦路以北，洛阳路横穿其中与张家村相接，设计住宅楼 23 栋，其他公建楼 8 栋。

四、实施步骤

新村规划从 1998 年已开始进行，计划用 5 ~ 8 年时间建成。目前正扩建洛阳路，铺设下水道、通信、电力、煤气和暖气管道。现有两栋住宅楼骨架已快完工，估计到 1999 年 6 月竣工，到 1999 年停止对旧村宅基地审批，到 2001 年建成 6 栋住宅楼，并动员部分居民搬上楼，到 2005 年完成全部新村建设和绿化，双气配套，普及有线电视和电话率达 100%。并制定出一套完善的物业管理措施，达到与城市文明程度完美的结合。

陈砦村实施新规划，是以稳定为前提，以发展经济为目的，以实现小康生活为最终目标，它的实施不仅有利于全村经济的发展，而且也为提升村民的生活环境、生活条件和精神文化生活提供了强有力的保障，对加快建设步伐、改善环境起到了相当重要的作用。

中共庙李镇陈砦村支部委员会

庙李镇陈砦村村民委员会

1998 年 3 月

陈砦村民自治章程

（2010 年 9 月）

第一章　总则

第一条　为贯彻实施《中华人民共和国村民委员会组织法》，加强民主管理，完善民主监督，进一步提高村民自治和基层民主政治建设的整体水平，促进陈砦经济发展和社会全面进步，保持社会稳定，依据国家有关法律、法规，结合陈砦村实际，在广泛征求各方面意见的基础上，特制定本章程。

第二条　本章程是全体村民的行为规范，全体党员、干部、村民和在该村居住的居民都必须严格遵守。

第三条　本章程由村民委员会具体组织实施，村民代表会议监督执行。

第二章　村民组织

第一节　村民委员会

第四条　村民委员会是实行自我管理、自我教育、自我服务的基层群众性自治组织，村民委员会依法行使的自治权利受法律保护，任何组织和个人不得侵犯。

第五条　村民委员会在党的现行政策和国家法律、法规规定的范围内，在村党总支的领导下开展村务工作。主要负责办理本村的公共事务和公益事业，调解民间纠纷，协助维护社会治安，向上级人民政府反映村民的意见、要求，并提出建议。

第六条　村民委员会由有选民资格的选民，依法选举产生。村民委员会由 5 人组成，设主任 1 名、委员 4 名，每届任期 3 年，可以连选连任。

第七条　村委会产生后，成立村民代表大会，制定村民代表会议章程，并负责实施。

第八条　村民委员会职责：

1. 宣传和贯彻执行法律、法规和国家政策，执行村民会议、村民代表会议的决定、决议。

2. 依法编制并实施本村发展规划，办理本村的公共事务和公益事业。

3. 组织发展本村经济，承担生产经营的服务和协调工作。

4. 维护本村村民的合法权益和利益，教育和督促村民依法履行交纳税费、服兵役、实行计划生育、救灾抢险等法律、法规规定的义务。

5. 依法管理本村属于村民集体所有的土地和其他财产，教育村民爱护公共财产和合理利用自然资源，保护和改善生态环境。

6. 加强农村社会主义精神文明建设，发展文化教育，开展健康有益的文化体育活动，普及科技文化知识，反对封建迷信。

7. 建立健全民主理财制度，管理本村财务，定期向村民报告财务收支情况，并接受镇人民政府的财务监督。

8. 促进村民之间、村和村之间的团结互助，妥善处理与友邻单位的关系。

9. 组织村民维护本村治安，协助公安等机关对依法被判处管制、被剥夺政治权利以及被宣告缓刑、假释的村民进行教育、帮助和监督。

10. 法律、法规规定的其他职责。

第九条　村委会工作制度：

1. 每月由村党总支组织政治学习一次，主要学习党的路线、方针、政策和各级党委、政府的有关文件，不断提高干部的思想政治素质和政策水平。

2. 村委会干部每天早上集中点名一次，如有工作安排不能到岗的，要提前请假。

3. 村委会全体干部要按时参加工作例会，会议记录人员要认真做好记录，并按要求存档。

4. 村委会干部要严格遵守会议保密制度，不宜公开没有形成决议的内容，不得随意向外透露。更不能把会议中的分歧意见扩散到群众中去。

5. 实行集体领导与个人分工负责相结合的工作制度。凡属重大问题（如：大项目投资、大宗资金的用项、人员使用、工程预算、工资福利待遇、生育二胎指标的发放、新宅基地的定位与审批）等比较敏感的问题，必须经两委会研究决定方可施行。

6. 村委成员要做到分工合作，搞好整体工作的协调，不能搞各自为政、各行其是，更不能出现推诿扯皮和揽权越权现象。

7. 实行工作汇报、请示制度。村委工作人员要根据自己分管的工作，及时向书记、主任汇报自己的工作完成情况和在工作中遇到的问题。并针对工作中遇到的问题，拿出自己的处理意见，提请两委会研究决定。

8. 村委干部对自己分管的工作，每半年要总结、述职一次，并以书面形式交村档案室存档，接受群众的监督。

9. 村委成员在工作中遇到的问题，经村委研究形成决议并签名后方可生效。

10. 经村两委研究，形成决议的各大项工作，分管人员只有无条件执行的义务，没有私自另行决策的权利。分管各项工作的村委成员必须认真负责，敢于承担责任。

11. 村委成员办事要光明磊落、公道正派、言行一致，不搞小动作，在工作中要相互搂台补台不拆台，要以大局为重，搞好班子团结，不利于团结的话不说，不利于工作的事不做。

12. 落实村务公开，实行农村稳定。按上级党委、政府的有关政策规定，把村干部分工、财务收支、村镇规划、计划生育、优抚优属等村民关心的重大问题在村务公开栏中公布。

第十条　村委成员工作职责：

主任负责村委会全面工作，是陈砦法人代表，主管经济工作，兼任陈砦北环实业总公司总经理。

副主任主管村镇建设、创建工作等。

第二节　村民代表会议

第十一条　村民代表会议是村民利益和意志的具体体现，村民代表会议要认真履行宪法和法律赋予的各项职责，监督、协助村委会做好各项工作。

第十二条　村民代表会议由村委会成员、每 10 户左右选举的 1 名代表、各村民组经民主选举产生的 1 名妇女代表、各组计生宣管员、各支部成员和村民中各级人民代表大会的代表组成。

第十三条　村民代表会议与村民委员会届期一致，每届任期三年，村民代表可以连选连任，必要时可以撤换和进行补选。

第十四条　村民代表会议产生后，设立村务公开监督小组和村民理财小组；村务公开监督小组成员，由村民代表会议选举产生，村民理财小组从村务公开监督小组中民主选举产生。

第十五条　村民代表会议由村委会负责主持召开，会议每 3 个月召开一次，必要时可随时召开，或有 1/3 以上的村民代表提议时，应召开村民代表会议。

第十六条　村民代表会议的决定，有半数以上村民代表通过方能生效。

第十七条　村民代表的条件：

1. 拥护中国共产党，热爱社会主义，具有较高的政治觉悟。

2. 本村年满 18 周岁享有选举权和被选举权的村民。

3. 遵纪守法，坚持原则，办事公道，主持正义，作风正派。

4. 有一定的参政、议政能力。

5. 密切联系村民，关心集体，热心为村民服务，一年有 2/3 的时间在村里，有初中以上文化程度，在村民中有较高威信。

第十八条　村民代表会议的权力：

1. 讨论和决定本村公共事务和公益事业建设的具体事项。

2. 审查村民委员会的收支账目。

3. 监督村规民约执行情况。

4. 监督村民委员会的工作。

5. 通过、修改村民自治章程，监督村民自治章程的贯彻实施。

6. 听取和审议村民委员会的年度工作报告，并提出意见和建议。

7. 审议和批准村经济和各种发展规划，讨论决定涉及村民利益的各种重大问题。

8. 讨论决定村民委员会认为需要由村民代表会议决定的其他事项。

9. 有 1/3 以上的村民代表要求罢免村委会某个成员的，可依法进行。

第十九条　村民代表应尽的责任：

1. 村民代表应积极参加会议，密切联系村民，收集村民意见和建议，并及时向村两委会和上级党委、政府反映。

2. 学习宣传国家法律、法规，遵纪守法，并在各项工作中起模范带头作用。

3. 积极投身于经济建设，维护社会安定，敢于同不良倾向做斗争。

4. 带头维护执行村委会的各项决定、决议，处处事事起表率作用。

5. 协助村委会做好本村的各项工作。

6. 协助村两委协调邻里关系。

7. 监督村委会各项制度、决定、决议的执行。

第三节　村民

第二十条　村民资格认定：凡是享受村民福利待遇的本村居民视为本村村民。

第二十一条　村民应享有的权利：

1. 积极参加村里的各种会议和各项活动，提出有关村务建设的建议和批评意见，对村干部和村务工作进行监督。

2.18 岁以上的村民（被剥夺政治权利的除外）都享有选举权和被选举权，有参加村民会议，讨论、决定村务重大问题的权利。

3. 有享受本村各项公益事业和福利的权利（特殊情况经村民代表会议通过者除外）。

第二十二条　村民应履行的义务：

1. 遵守村民自治章程，执行村民代表会议、村民委员会的决议和规定。

2. 按时完成村民委员会分配给你的各项任务。

3. 团结互助、尊老爱幼、维护集体利益，坚决同一切危害和破坏村民利益的行为做斗争。

4. 积极主动地参加村委会召开的各种会议。

5. 自觉开展移风易俗活动，搞好物质文明、精神文明和政治文明建设，开展争创省级文明、小康村和十星级文明农户活动。

第四节　村规民约

第二十三条　凡在本村居住的居民（包括常住、暂住和流动人员），除宪法规定的公民应享有的基本权利和应尽的义务外，应履行以下村民公约：

1. 遵守村民自治章程，执行村委会和村民代表会议的有关决定和决议。

2. 维护集体利益，爱护公物，不损坏公共财产，积极参加村里组织的义务劳动，按时完成村委会交给你的各项任务。

3. 尊老爱幼，不虐待老人、妇女和儿童，和邻里和睦相处，语言文明，和气待人，与人为善。

4. 遵守现行的计划生育政策，倡导晚婚、晚育、少生优生。

5. 遵纪守法，认真学习国家法律、法规，不打架斗殴，不酗酒闹事，不聚众赌博，维护社会治安，争做合法文明公民。

6. 文明经商，不欺行霸市，不偷税漏税逃税，维护市场利益，不损坏集体和他人荣誉，敢于同一切危害集体、村民利益的违法行为做斗争。

7. 美化环境，爱护本村一草一木，搞好环境卫生和庭院卫生，不乱倒垃圾，积极支持和配合郑州市村镇规划建设和卫生城市创建工作。

8. 要顾全大局、识大体，积极配合村集体经济的发展，努力维护社会稳定，支持村委会开展各项工作。

9. 自觉开展移风易俗活动，敢于同旧的不良倾向做斗争，反对封建势力、传统势力和家族势力，争创“十星级”和“少生快富”文明户活动。

10. 在本村居住的流动人口，应自觉维护本村村规民约，积极配合村委会和房东做好社会治安综合治理、计划生育、卫生创建工作，争做遵纪守法公民。

11. 按照殡葬改革的要求，认真落实火化政策。

12. 要善待老人，对不赡养父母的，经其父母同意，赡养费可从其子女的生活、福利费中扣除。

第三章　社会事务管理

第一节　财务管理

第二十四条　为加强财务管理，完善财务监督，搞好经济核算，改善经营管理，提高经济效益，特制定以下管理办法：

1. 严格现金管理制度，财务收支必须取得合格的凭证，不准以白条报销，特殊情况的白条要经两人以上证明，超过 3000 元的白条要经村两委会审批、研究决定。

2. 会计、出纳人员要及时记账，及时盘点库存现金，做到日清月结，账款相符。会计与出纳要定期核对现金账。

3. 财务的一切收支事项，必须经财务人员办理，其他人员不经财务人员同意，不得代收钱物。

4. 村内大型建设项目支出超过 30 万元的，村两委需研究决定，经村民代表大会通过后，方可实施；非生产性开支超过 10 万元的，要经村两委会研究决定。

5. 村内财务实行集中办公、统一记账。每月 24 日为民主理财日；25 日至月底，会计统一到镇农经站集中办公，并在次月 3 日张榜公布。

6. 村理财小组负责监督村内财务工作。村内财务支出实行“双签”制度，由村党总支书记和村委会主任共同审批后，经民主理财小组审核认可后，方可入账。

第二节　人口和计划生育工作

第二十五条　广大村民应认真学习、贯彻执行《河南省人口与计划生育条例》及其《实施细则》、《河南省流动人口计划生育管理办法》，使每个村民充分认识到我国人口问题的严重性，自觉地贯彻执行计划生育基本国策。

第二十六条　鼓励广大村民晚婚晚育，实行优生优育。提倡一对夫妻生育一个子女，严格控制生育第二个子女，禁止生育第三个子女。

第二十七条　人口与计划生育工作在日常管理和服务中的具体规定：

1. 按时接受上级计划生育部门开展的生殖保健服务，在本村举行婚礼并居住在本村的新婚夫妇，不论户口是否迁入，均应参加本村定期康检。每单月 13 日为我村的计划生育健康检查时间，检查对象在当天参加健康检查。

2. 本村外出一孩已婚育龄妇女，外出前到镇计生办进行健康检查，并于外出后 15 天内寄回健康检查证明一次，以后每两个月寄回健康检查证明一次。

3. 领取结婚证的夫妇必须在领取结婚证当月到村计生办进行申报。当月不申报者，扣除本人及父母的生活费、福利费。

4. 本章程生效之前造成事实婚姻的人员，限本章程生效一个月内主动到村委会申报，如不申报，则从下个月开始扣除本人的生活费、福利费，直到手续补齐为止。

5. 针对离婚户，规定如下：

（1）离婚之后，女方在本村有分割的房屋，即有固定居住场所，赡养老人、抚养子女，并按时参加康检，女方可继续领取村民生活费、福利费，男方再婚所娶媳妇不享受村民生活费、福利费；如女方违反上述规定其中之一的，取消女方及所判子女的生活费、福利费待遇。（2）凡是招养老女婿的户，离婚后，男方停止一切福利待遇。

6. 本村闺女结婚后，规定如下：

（1）本村闺女从结婚当月起可享受半年的生活费、福利费。以领结婚证时间为准，没领结婚证的以典礼时间和举报时间为准，如不按时上报领证时间，造成多领生活费、福利费的，多领部分，从其父母的生活费、福利费里加倍扣除。（2）结婚半年内户口迁走按规定出具计生接管证明的，给予 1 万元奖励。（3）结婚后超过半年不迁走的，停发生活费、福利费，户口迁走后给予 5000 元奖励。（4）需在本村办理生育证的，须有享受村民福利待遇的人员做担保。（5）出门闺女结婚后所生子女，不享受村民生活费、福利费待遇。

7. 对有女无儿户，要求在本村落户的，姊妹数人，只照顾一人可享受村民福利待遇，可办理本村生育指标。

8. 凡领取独生子女父母光荣证的家庭，夫妇双方都享受村民福利待遇，签订合同后，平时每月可多享受村民 1 人份生活费、福利费；夫妻双方有一方享受村民福利待遇，平时每月可多享受村民半人份生活费、福利费。

9. 凡属我村独生子女家庭和政策内双女家庭，夫妻双方都享受村民福利待遇的，均可参加农村新型合作医疗，合作医疗个人缴纳部分的费用由村财政缴纳。

10. 凡郑州市规定的计划生育家庭应该享受的 13 项优惠政策，计划生育家庭分类别全部享受到位。

11. 严禁非法抱养（领养、寄养），非法抱养者，一经发现按有关政策处理。

12. 凡申报一胎、二胎生育指标者，需先经村委会研究，然后召开村民代表大会通过，方可报上级计生部门审批；凡不经村委会及村民代表大会通过、审批的指标，村委会一律不予认可。

13. 流动人口计划生育工作具体规定：

（1）流入我村居住、务工、经商的流动人口到达本村后，应在 7 天内携带身份证、流动人口婚育证明向本村流动人口计划生育管理服务站交验流动人口婚育证明。（2）村民房屋租（借）给外来成年流动人口暂住的，应于3日内到村计划生育办公室登记。（3）流动人口中 50 岁内的已婚育龄妇女，到达本村后在 7 天内应持流动人口婚育证明身份证、结婚证，到村流动人口计划生育管理服务站交验流动人口婚育证明。

第三节　村民福利待遇

第二十八条　现在不享受村民福利待遇的男性村民，婚后所娶的媳妇以及所生子女一律不享受村民福利待遇。

第二十九条　目前不享受村民福利待遇的独生子女（不包括出门闺女的独生子女），符合以下条件者，结婚后所娶媳妇或招上门女婿可享受村民生活费、福利费：

1. 父母在本村有宅基地。

2. 父母双方 1982 年以前在本村的农业户口，1982 年以后因占地招工或接班户口迁走。

第三十条　新出生婴儿和新媳妇，每半年审批一次（审批时间为每年的 6 月份和 12 月份），从批准之日起，5 年内只享受福利费，5 年后可享受村民生活费、福利费。

第三十一条　本村现在享受村民福利待遇的男孩，不论以后参加任何工作，只要其户口仍在本村，将继续享受村民福利待遇；如户口迁走，将停发村民福利待遇。

第三十二条　目前享受村民福利待遇的夫妇，不论何种原因离婚的，离婚后一方再婚的，再婚一方的配偶及配偶所带子女、再婚后所生子女均不享受村民福利待遇。如离婚的夫妇双方未生育过子女，离婚后男方又再婚的，再婚后政策内所生子女可享受村民福利待遇。

第三十三条　目前享受村民福利待遇的夫妇，夫妻双方有一方正常死亡，另一方又再婚的，只接受其再婚配偶一人的户口，即可享受村民福利待遇，但对方所带子女和再婚后所生子女均不能享受村民福利待遇。

第三十四条　两劳释放人员回原籍，符合国家计划生育政策新出生的婴儿，大、中专毕业生不分配工作，户口又迁回原籍的，按规定可享受村民福利待遇。

第四节　村镇建设

第三十五条　本村土地包括宅基地、耕地、边稍地、企业用地、道路占地等归集体所有。村民承包和依法划给使用的土地，村民只有使用权，没有出租、买卖和转让权，如遇国家和单位依法征地，村民应积极配合。

第三十六条　承包土地和使用土地，要符合规划使用性质，私自改变用途和使用性质的要在限期内恢复原貌，严重者，村有权收回其使用权。

第三十七条　为依法合理规划村庄建设，改善居住环境，现对村民建房作以下规定：

1. 统一定界、统一放线、统一验线和工程验收。

2. 统一地基高度。

3. 统一上下水、统一线路安装。

4. 统一规划和铺修、硬化村主街道、巷道。

5. 统一绿化村周和渠旁、路旁。

第三十八条　建房审批范围包括新建、扩建、翻建。

（一）有下列情况之一的视为违章和非法占地建设：

1. 不按规定办理审批手续和手续不全的。

2. 超占、强占宅基地的。

3. 不按统一标准建房，擅自提高地基和房屋高度，擅自改变建房位置。

4. 私自改变土地使用性质的。

5. 不按规定期限搬迁、拆迁的。

6. 不经批准，乱占道路，在公共场所乱堆乱放物料，不按时清理的。

7. 对村的裁决和村民代表会议决议不执行的。

（二）对违章有以下处罚意见：

1. 责令停工，够条件者补办手续。

2. 责令拆除超占、强占部分。

3. 强行拆除违章建筑，并由违章者承担全部费用。

4. 交纳保证金，扣除全家生活费、福利费，停水、停电，直到拆除和清理。

第三十九条　任何个人宅基地以外的地方全部归集体所有，任何个人不得私自占用，更不能影响、阻碍集体开发建设。

第五节　治安民调

第四十条　全体村民要自觉遵守国家的法律、法规，自觉遵守本村的各项规章制度，争做文明村民。维护社会治安是每个村民应尽的义务。

第四十一条　在社会上因违反治安管理处罚条例或违反法律拘留 15 天以下者扣除本人 3 个月生活费、福利费；拘留 15 天以上或判刑者停发本人生活费、福利费直至释放。失踪一年者，停发生活费、福利费。

第四十二条　在本村市场、企业、村内进行破坏、捣乱、偷盗者，除追究法律责任外，扣除全家生活费、福利费 3 个月。

第四十三条　不孝敬父母、邻里不和的，扣除全家本月生活费、福利费。且因家庭矛盾引起的纠纷，其调解过程将通过有线电视进行播放。对损坏公共设施和公共绿化草木的，照价赔偿。

第四十四条　对阻碍村镇规划，无理取闹者，对违章建筑，不按规定拆除的，自下发通知书之日起，扣除全家生活费、福利费直至改正，且扣发的生活费、福利费不再补发。

第四十五条　村民确需上访的，要按《信访条例》逐级上访，不能越级上访；对缠访、闹访人员将按《河南省公安厅关于对缠访、闹访人员的处理意见》予以处理。

第四十六条　村治保会人员要加强责任心，坚持全天 24 小时值班，依法文明执法。

第四十七条　治保会要协助公安、司法部门搞好综合治理和执行各种公务。

第四十八条　村民要自觉加强对租房户和流动人员的登记管理，积极配合上级有关部门做好清查、调查。

第六节　卫生管理

第四十九条　村民要自觉维护好村内公共卫生，爱护公共卫生设施，爱护公共绿化草木，不得私自占用损坏。

第五十条　村民要管理好自家的建筑材料，建筑材料要堆放整齐，不能超过马路宽度的 1/3，建筑垃圾日产日清。

第五十一条　村民要做好庭院卫生的维护和管理，搞好个人卫生。

第五十二条　本村范围内开设的摊点、小吃摊、小吃店、饭店、百货杂货店等（包括本村人员开设的），应自觉管理好自己店内、摊前、门前的环境卫生，并按标准交纳一定的卫生管理费用。禁止店外、占道经营，门头上标志要按上级要求统一标准制作。

第五十三条　对外租赁房屋的房主应积极配合收费员收取卫生管理费。如故意刁难或阻止收费员收费，情形恶劣者，视情况给予一定的处罚。

第七节 红白理事会

第五十四条 村红白理事会经村民民主推选产生。红白理事会要经常向村民宣传上级殡葬改革的有关政策，坚决执行上级殡葬改革的有关政策，提倡节约办事，加强社会主义精神文明建设，移风易俗，反对封建迷信及其他不文明的行为，提倡艰苦朴素、勤俭持家的良好社会风尚。

第五十五条 红白理事会要协助喜主按照从俭的原则操办喜庆事宜，不铺张浪费，不大摆宴席，提倡集体婚礼。

第五十六条 关于丧事操办的具体事宜，必须按红白理事会的要求，统一标准，不能攀比。除理事会安排的项目外，不能增加其他项目。

第五十七条 凡按要求火化者，每人给予2000元补助（只限于享受村民福利待遇的村民）。

第八节 水电管理

第五十八条 自来水管理人员要全心全意地为我村辖区的生产、生活用水提供全方位的优质服务。

第五十九条 自来水管理人员要加强用水管理，节约水源，杜绝浪费，尽量提高水压达到用户满意。

第六十条 用户的控水设施若出现问题需要维修时，可及时与管理人员联系。

第六十一条 用户若怀疑水表不准，可拆下到有关机构进行检测，若确实不准，一切检测费用由用户承担。

第六十二条 村民因建房或其他建设确需拆除水表的，必须经管理人员同意方可拆除，个人未经允许不得私自拆除；任何单位和个人都不准私自在主管道上接水，更不准把管道挖断。如有违反将给予以下处罚：

1. 私自拆除水表或私接水管者，罚款500元。

2. 挖断直径400毫米水管，每根（6米）赔偿工料费200元，造成漏水的每小时按40吨水计算。

3. 挖断直径500毫米水管，每根（6米）赔偿工料费300元，造成漏水的每小时按60吨水计算。

4. 挖断直径1000毫米水管，每根（6米）赔工料费1000元，造成漏水的每小时按120吨水计算。

5. 挖断直径1500毫米水管，每根（6米）赔工料费1500元，造成漏水的每小时按150吨水计算。

6. 挖断直径3000毫米水管，每根（6米）赔工料费4000元，造成漏水的每小时按300吨水计算。

第六十三条　本村村民（包括不享受村民福利待遇的老户）每吨水收费1元，其他企业、商业等用水，水费为每吨1.5元。

第六十四条　如有把水表损坏无法计量水费，或不让装水表，多头水管入户无法管理者，每户每月按1000吨水计算收取水费。

第六十五条　每月25日开始抄表，下月1日至10日为交费时间。

第六十六条　村民生产、生活用电必须经电工批准，方可接火使用，凡未经批准，私自接火者，一经发现立即停电，并处予1000元罚款。

第六十七条　村民盖房临时用电，要按电管部门要求交纳保证金。村民住宅用电线路要规范，不能私搭乱扯，要加装漏电保护器。

第六十八条　村民要自觉维护下水畅通，如因建房户的建筑材料、垃圾堵塞下水，一经发现一次性罚款50元。

第六十九条　各房主要教育租房户不能往下水道内乱倒杂物。

第九节　安全生产管理

第七十条　村民要注意防火、防盗，自觉定期检查自家用电安全。

第七十一条　村民不能在自己家中存放、生产、经营危险化学品、易燃易爆物品和各种有毒物品。

第七十二条　村民要定期检查自己和租房户的煤灶，防止煤气中毒。

第七十三条　村民拆除、新建房屋必须遵守以下规定，确保施工安全。

1. 拆房户在房屋拆迁前，必须到村委会登记拆房屋的地点、施工人数、负责人及其他有关情况。

2. 拆迁前必须做好一切准备工作，并设置隔离防护措施，切断房屋电源。

3. 拆迁工作必须遵守操作规程，从顶层拆扒，严禁将墙体放倒，严禁使用私自改装机械。

4. 盖房时配电盘应有保护器，配电箱必须上锁，电线安装要合格规范。

5. 卷扬机上料架必须配有档杆，升降吊篮上不准站人，一经发现一次罚款1000元。

6. 垒外围墙必须有安全网，外贴瓷片必须挂安全带。

7. 施工时，施工人员必须佩戴安全帽；严禁雨天室外作业。

8. 拆、建房屋要积极配合有关人员签订拆、建房安全合同。

9. 因安全引起的一切事故，责任全部由房主承担。

第七十四条　生产经营单位应认真履行《中华人民共和国安全生产法》和有关法律、法规规定的职责，并按规定及时向安全生产监督部门报告安全生产情况。

第七十五条　生产经营单位主要负责人对本单位安全生产工作负全面责任，其他负责人对分管业务范围内的安全生产工作负领导责任。

第七十六条　凡在本村承包集体土地或集体项目的单位和个人，必须按照下列要求，搞好各自的安全生产：

1. 承包土地内的所有建筑物必须坚固结实，不得使用临时性建筑物。

2. 仓库内不得存放易燃、易爆、有毒和有害放射性物品。

3. 用电设施必须安全规范，需加装漏电保护装置。

4. 按规定配备齐全消防器材。

5. 食用物品必须有专库存放，不得与其他物品混放。

6. 库房内使用的物品存放货架要坚固、牢靠，必须符合承载要求。

第七十七条　土地承包者不得把所承包土地范围内的场地、设备、库房出租给不具备安全生产条件和没有相应资质的单位和个人。

第七十八条　所承包土地范围内若有多个承租单位搞生产、经营、库存等，土地承包人应与他们签订安全生产管理责任书。

第七十九条　生产经营单位生产设备（房屋、机器、机械设备、压力容器、压力管道、水、电等）的设计、制造、安装、使用、检测、维修、改造、报废，应当符合国家标准或行业标准。

第八十条　所有经营单位必须无条件接受上级安全部门的安全检查，有安全隐患者严格按照要求进行整改。

第八十一条　各经营单位要有 1 名安全管理员，负责对员工进行安全培训。

第八十二条　生产经营单位禁止有“三合一”现象，即：生产区、生活区、储存区之间应当依照有关规定，保持安全距离。要在有较大危险因素的生产经营场所有关设备、设施上，设置明显的安全警示标志，并在人员聚集的场所设立紧急疏散安全出口。

第八十三条　本地所有集体项目、集体土地承包人，均为安全生产第一负责人，凡是在安全生产第一负责人所承包范围内发生的一切安全事故全部由第一负责人负责。

第十节　合同的签订和管理

第八十四条　依据《中华人民共和国村民委员会组织法》的规定，村民委员会是该村法人，村民委员会主任为法定代表人。

第八十五条　村集体商业、企业、集体土地的承包，要在平等互利的原则下，以公开招投标的形式，对外发包、签订合同。

（一）有下列情况之一的视作无效合同：

1. 违反国家法律、政策、规划和侵犯社会公共利益的。

2. 违背村民会议和有关决议的。

3. 不经法人和法人代表认可的。

4. 发包方无权发包的。

5. 少数人仗权垄断，压价承包和采取不正当手段承包的。

6. 不经发包人同意私自改变性质的。

（二）有下列情况之一的允许合同的变更和解除：

1. 当事人协商同意，并且不损害国家、集体利益和他人合法权益的。

2. 承包所依据的国家政策与市场情况发生巨大变化的。

3. 由于双方都无法抗拒的自然灾害、城市规划、土地合法征用等原因使合同无法履行的。

4. 承包方丧失承包能力的。

5. 承包方违约，致使合同无法履行的。

6. 承包方进行破坏性、掠夺性生产经营，经发包方劝阻无效的。

7. 承包方不合法经营的。

第八十六条　对外发标的集体企业、项目应事先评估，并在合同中标明，合同到期后，应原物或同等价值归还集体。

第八十七条　合同的调解与仲裁：

承包合同发生纠纷，双方责任人应及时协商解决，协商不成时，任何一方均可向仲裁机关申请调解和仲裁。调解达成协议或作出仲裁决定后，双方必须执行。如当事人不服，可从接到裁定书之日起 15 日内向当地人民法院起诉。

第八十八条　集体企业、土地承包金收缴办法：

1. 各集体企业、土地承包方要按规定以合同、协议为准及时交纳承包金。

2. 村委会要定期以版面的形式，在村务公示栏中发布所有承包项目的承保人、承包时间、应交款日期和已交款日期。

3. 凡按合同该交租金而未交的，按合同执行，超期部分按庙李信用社贷款利息计算，一并交纳。

4. 以合同上的交款日期为准，过期 15 天仍未交纳租金者，将采取必要措施，包括停水、停电，停发全家生活费、福利费，且租金交纳后停发的生活费、福利费不再补发（扣除的生活费、福利费不抵扣租金）。

5. 租金未交者，涉及村两委成员的，将给予停职处理；涉及村两委成员、党员、代表的，其亲属有在村集体企业工作的将给予辞退。

6. 凡是依照合同不按时交纳租金的，将按占用公款、擅自占用陈砦村民生活费、福利费认定，并通过司法程序解决。

7. 对超过时间仍不交纳租金者，村两委将有权在有线电视、村务公开栏，对不交租金者进行公布。

8. 承包户接到催交通知书 2 个月内未交租金者，村两委有权强行收回其承包的集体企业、集体土地，所欠部分继续从承包者全家福利费、生活费中扣除，直到扣完为止；如欠额太大将起诉到法院，依法执行。

第四章　村务公开及档案管理

第一节　村务公开

第八十九条　村务公开的原则是：在不违背保密原则的前提下，坚持实行村务公开，加强民主管理，完善村民监督，逐步提高各项工作和政策执行的透明度。

第九十条　村务公开的内容：

1. 上级部门的有关政策规定。

2. 本村公共事务、公益事业、各项福利和年终分红情况。

3. 征地款、固定资产、基本建设投入情况。

4. 村集体经济收入和村民上交各种款项的收支情况。

5. 民政部门救济、军烈属、困难户补助情况。

6. 综合治理、村庄规划、民房和宅基地审批情况。

7. 计划生育指标发放、独生子女父母光荣证、增加应享受村民福利待遇情况。

8. 集体企业项目、土地承包金收缴情况。

9. 拆迁补偿情况。

10. 按上级规定应该公布的内容和大多数村民要求公开的内容。

第九十一条　村务公开的形式：

1. 村务公开专栏。

2. 广播、有线电视。

3. 各种会议。

第九十二条　贯彻落实上级有关文件精神，积极开展“三评议”活动，广泛开展先进党小组、优秀共产党员、五好家庭、十星级农户和模范村民评比活动，并按要求张榜公布、存档。

第二节　档案管理

第九十三条　档案的种类：

1. 历史档案、文字、图片、录像。

2. 各种协议、合同、会议记录。

3. 各种评议表、调查表等资料。

4. 地权、土地档案。

第九十四条　档案管理人员要严格保密制度，及时收集各种文件、图片、资料。

第九十五条　档案管理人员要认真按照上级档案部门的要求，做好各种档案资料的整理、归档，并及时合理的提供利用。

第五章　附则

第九十六条　本章程由村民委员会具体实施，负责落实，对不执行本章程和村委会有关规定的村民应给予经济处罚（包括停水、停电、停发福利）。

第九十七条　以往村委会制定的各项规章制度与本章程相抵触的，一律以本章程为准；本章程与国家宪法、法律及相关政策相抵触的，以国家法律、法规为准。

第九十八条　本章程村民委员会有最终解释权，本章程于 2010 年 9 月 12 日经全体村民代表表决通过，从即日起颁布实施。

◉ 主要参考文献

1. 刘瑞璘主纂:《郑县志》，1916 年刊印。

2. 郑州市地方史志编纂委员会编:《郑州市志》，中州古籍出版社，1998 年。

3. 金水区地方史志编纂委员会编:《郑州市金水区志》，中州古籍出版社，1994 年。

4. 金水区地方史志编纂委员会编:《郑州市金水区志（1991—2002）》，中州古籍出版社，2008 年。

◉ 跋

在加快国家中心城市建设和城镇化发展的过程中，郑州市委、市政府在着重改善农民物质生活条件的基础上，更加重视乡村文化的传承、发展和创新。多年来，我们认真贯彻落实习近平总书记“让居民望得见山，看得见水，记得住乡愁”的重要指示精神，结合实际制定下发了拆迁改造村编写村史、有条件的村编纂村志的工作意见，在全市范围内组织开展编纂拆迁移民村志、历史文化名村志和建设村史馆等工作。目前，全市村史、村志编纂工作已全面铺开，郑东新区规划建设40个村史馆，编纂村史、村志89部，现已开工建设村史馆7个，建成4个，已完成村史、村志74部，正在编纂15部；新郑市计划建设村史馆20个，已建成6个；二七区组织28个村开展了村史编纂工作。

编修村志，全方位记录乡村状况及其变化，已成为抢救、保护乡村文明的重要方式。“十三五”以来，中国地方志指导小组办公室（以下简称中指办）和河南省地方史志办公室（以下简称省史志办）高度重视乡镇志、村志的编纂和乡土文化的承续，相继下发了《中国名镇志文化工程实施方案》和《中国名村志文化工程实施方案》，引导和促进乡镇志和村志的编纂。郑州市地方史志办公室认真贯彻落实上级部署和要求，着力把乡镇志、村志的编纂作为史志工作的重要内容，结合实际制定下发了《郑州市名镇志文化工程实施方案》和《郑州市名村志文化工程实施方案》，积极引导和推动镇志、村志编写和村史馆建设工作。《陈砦村志》作为郑州市名村志文化工程首批成果，被省史志办推荐参与全国评选，并最终入选，成为河南省第一部入选中国名村志丛书的村志。这既是河南省的荣誉，也是郑州市的荣誉，更是陈砦村的荣誉。在全国上下认真学习宣传贯彻中共十九大精神之际，《陈砦村志》的顺利出版，既是赓续乡土文化，让老百姓留住乡愁的有效形式，也是贯彻落实中共十九大精神的具体举措；既向国内外同行宣传、推介了郑州史志事业成果，又更好地挖掘、弘扬了河南作为华夏文明传承创新核心区厚重的文化内涵。

《陈砦村志》编纂期间得到了中指办、省史志办的直接关怀，相关领导多次过问文稿情况，对编纂工作提出具体要求；中指办专家、省史志办、方志出版社多次对书稿组织讨论修改、严格审核把关。应该说，没有上级领导的关怀和支持，《陈砦村志》不可能入选首批中国名村志丛书，没有专家们的认真指导和审核把关，《陈砦村志》也达不到志书的标准。同时，郑州市领导对《陈砦村志》编纂工作高度重视，并对做好编纂和申报工作做出具体指示。参与《陈砦村志》编写的吉修银、郭增磊和杨文森三位老师，不厌其烦，反复修改，为村志最后出版付出了大量心血和汗水。在此，对《陈砦村志》编纂、校勘、出版工作给予无私帮助和精心指导的各级领导、专家和同仁们一并表示感谢！

打造精品志书是我们追求的目标，但由于时间紧，参与组织和编纂人员能力水平有限，仍难免存在纰漏错讹之处，望广大读者批评指正。

郑州市地方史志办公室

2017年11月

◉ 编纂始末

陈砦村位于郑州市北三环快速路与主干道文化路交会处，20世纪90年代前，村民多种植蔬菜、粮食，以农业为主。90年代后，随着郑州市经济社会快速发展，城市框架不断扩大，陈砦村逐步融入城市。由于村域地理位置优越，交通极为便利，商贸服务业繁荣发达，游购设施数量多、门类全，常住及流动人口剧增，被多家媒体称为“中原小香港”，是河南省乃至全国城市化进程中的“活标本”。

为贯彻落实省市区修志工作会议精神，2016年年初开始编修《陈砦村志》，并成立编纂委员会、编辑部。2017年3月20日，中国地方志指导小组办公室（以下简称中指办）将《陈砦村志》列入中国名村志丛书出版计划。对此，河南省郑州市金水区地方史志办公室及丰庆路街道、陈砦村委会高度重视，为编好村志，主要采取五项措施：一是派专职编辑参加在安徽和上海举办的中国名村志文化工程启动会、培训会，明确指导思想及认识其重大意义；二是认真学习《中国名村志文化工程实施方案》，尤其是基本篇目和编纂规范，掌握编修志书的质量要求及规定；三是结合村情，以“名”“特”为重点，浓墨重写乡音乡愁，增强村志可读性；四是加大资金投入，聘请具有修志经验的3名老同志，组建有14人组成的资料收集小组，确保志书编纂工作顺利进行；五是注重发挥“近水楼台先得月”的优势，请省市区地方史志办领导、专家具体指导，为编好志书提供专业、技术支撑。

2017年3月，《陈砦村志》篇目上报中指办，4月上旬中指办将《陈砦村志》篇目设置审核意见反馈。按照中指办的指导精神，编辑部全体人员经过三个多月夜以继日的认真修改，7月底将《陈砦村志》初稿报送中指办，9月6日中指办将《陈砦村志》初稿审阅意见反馈，专家针对篇目、内容及标点符号等共提出修改意见96条，此后，编辑部除概述、社区建设类目外，全部对其进行了修改、补充、调整，并于9

月25日将修改后的《陈砦村志》报送中指办。9月29日，中指办再次将《陈砦村志》送审稿审阅意见反馈，编辑部按照中指办的修改意见进行调整、充实、删补，后于10月10日将《陈砦村志》送审稿再次呈报中指办。经过不懈努力，《陈砦村志》最终入选首批中国名村志丛书。

在编纂过程中，得到了中指办及省市区地方史志办领导、专家的关怀和支持，特别是河南省地方史志办公室袁伦中、王卫明处长，郑州市地方史志办公室主任朱军的指导，在此表示衷心的感谢！因本书中所选照片及诗词文章众多，部分作品未能在出版前及时联系到著作权人，请著作权人看到后与我们联系，我们将奉上稿酬。由于水平有限，加之时间仓促，书中难免有不足之处，恳请广大读者指正。

编者

2017年11月